Der Energiesensor

ECON Esoterik

Der Autor:

Der Psychologe Dr. Anton Stangl ist seit Jahrzehnten als Seminarleiter und Buchautor bekannt und erfolgreich

Anton Stangl

Der Energiesensor

Schädliche und heilsame Schwingungen
erkennen und auswerten

ECON Taschenbuch Verlag

Dieses Buch ist gedruckt auf 100 % Recyclingpapier.

Originalausgabe
3. Auflage 1995

© 1989 by ECON Taschenbuch Verlag GmbH, Düsseldorf

Umschlaggestaltung: Molesch/Niedertubbesing, Bielefeld
Die Ratschläge in diesem Buch sind von Autor und Verlag sorgfältig er-
wogen und geprüft; dennoch kann eine Garantie nicht übernommen wer-
den. Eine Haftung des Autors bzw. des Verlags und seiner Beauftragten
für Personen-, Sach- und Vermögensschäden ist ausgeschlossen.
Druck und Bindearbeiten: Ebner Ulm
Printed in Germany
ISBN 3-612-27974-2

Inhalt

Vorwort 7

Der Energiesensor: Wesen und Hintergrund 11
Alles ist schwingende, fließende Energie 11
Wir leben in der begrenzten Welt unserer Sinne . . . 14
Wie die Bewegungen des Energiesensors zustande
   kommen 20
Voraussetzungen für das Arbeiten mit dem Energie-
   sensor 23

Der Energiesensor: Das Gerät und seine Handhabung 27
Beschreibung und Herstellung 27
Technik der Handhabung 33
Die häufigste Fehlerquelle 42
Praktisches Einarbeiten 44

**Der Energiesensor: Seine Anwendung für vielfältige
Überprüfungen und Klärung von wichtigen Beziehun-**
gen 52
Verträglichkeit von Nahrung und Medikamenten . . . 52
Innere Beziehung zu geistigen Werten und ihre
   Auswirkung 68
Persönliches Verhältnis zu anderen Menschen 81
Auswirkung der Schwingungen von Orten 91
Speziell: Empfindlichkeit auf geopathische Störungen 103

Schlußwort 119
Anmerkungen 122
Literaturverzeichnis 124

Vorwort

Dieses Buch will jedem Menschen unserer kompliziert
gewordenen Welt, der dafür aufgeschlossen ist, ein Hilfsmittel aufzeigen, das ihm in seinem Lebensalltag bald unersetzlich sein wird. Es zeigt die lebendigen Energieschwingungen
auf, die uns vielfältig umgeben und einhüllen, wenngleich
wir sie nicht wahrnehmen können. Daher nenne ich dieses
einfache Gerät schlicht Energiesensor. Und das Wichtigste:
Es zeigt uns diese Schwingungen so auf, daß wir ihre sowohl
körperliche als auch seelisch-geistige Bedeutung für unseren
Organismus in vielerlei Hinsicht erfassen können. Darin liegt
sein kaum zu überschätzender Wert.

Das Buch will den Leser mit diesem so vielseitig verwendbaren Hilfsgerät nicht nur bekanntmachen: Es gibt dem Leser
den Energiesensor sozusagen gleich in die Hand. Ist seine
Herstellung doch so denkbar unkompliziert, daß ihn jedermann in wenigen Minuten und noch dazu ohne jeden finan-
ziellen Aufwand selbst machen kann. Auch wer mit jeder
Mark rechnen muß, soll ihn sich zunutze machen können.
Selbst in der allereinfachsten Form, die ich nach langem
Experimentieren herausfand und hier vorstelle, arbeitet er
mit vollwertigen Ergebnissen.

Eingangs wird die zugrundeliegende Gesetzlichkeit knapp
aufgezeigt. Sie liegt offen zutage für den, der sich den zwei-
felsfreien Erkenntnissen der modernen Kernphysik nicht
verschließt. So wie bis heute der größte Gelehrte noch nicht
in der Lage ist, das Wesen des elektrischen Stroms zu erklä-

ren, und wir doch damit an das Wunderbare Grenzendes bewirken (wenn wir uns nur an seine Gesetze halten), so können wir auch mit dem hier vorgestellten Energiesensor anfangs unglaublich erscheinende Erkenntnisse von größtem Wert für unser Leben gewinnen, auch wenn uns das Zusammenspiel der Kräfte dabei im einzelnen nicht restlos geklärt erscheint.

Nach der exakten Beschreibung des Geräts und der Anleitung zur Selbstherstellung folgt dann die genaue Anweisung für die richtige Handhabung und für das Vermeiden der dabei möglichen Fehler. Und schließlich ist der größte Teil des Buches der ganz praktischen Verwertung des Energiesensors im täglichen Leben gewidmet, gegliedert nach den verschiedenen Anwendungsbereichen, sowohl im Alltag als auch zu besonderen Zwecken.

Mein vor zwei Jahren veröffentlichtes Pendelbuch hat viele Menschen mit dem Energiesensor bekanntgemacht, den ich dort erstmals vorstellte. Es hat eine unerwartet gute Aufnahme gefunden. Inzwischen habe ich eine so große Zahl von begeisterten Stimmen zu diesem einfachen und geradezu unglaublich wirkungsvollen Gerät vernehmen dürfen, daß ich es fast schon für meine Pflicht hielt, ihm ein eigenes Buch zu widmen. Denn sein Wert und sein praktischer Lebensnutzen kann gar nicht hoch genug eingeschätzt werden: Wie mir so viele berichteten, ist der Energiesensor für sie rasch eine unersetzliche Hilfe geworden, die sie vor manchem Übel bewahrt und reichlich mit Gutem beschenkt hat. Was kann doch allein schon die rechtzeitige, saubere Feststellung bewirken, was unserem Körper gut tut und was nicht, wo wir ihm tagtäglich die verschiedensten Nahrungsmittel, Getränke und viele Menschen auch noch Medikamente aller möglichen Art zuführen!

Wie sagte der Nobelpreisträger Professor Krebs (Oxford): »Forschen heißt, das sehen, was andere sehen, und denken, was andere nicht gedacht haben.« Jeder, der den Mut zu diesem eigenständigen Denken hat, ist in seiner Weise ein echter Forscher. Sein Lohn ist, daß er reich beschenkt wird mit dem geistigen Eindringen in das, was ansonsten immer dunkel und geheimnisvoll bleibt. In diesem Sinne möge auch jeder Leser so, wie es mir vor Jahren beschieden war, von der Faszination dieses so einfachen Geräts ergriffen und sein eigener Forscher werden.

Anton Stangl

Der Energiesensor:
Wesen und Hintergrund

Alles ist schwingende, fließende Energie

Der Hintergrund für die sichere Arbeitsweise dieses so einfachen Geräts liegt in der Tatsache, daß alles und jedes, was existiert und geschieht, Folge und Auswirkung von schwingender, fließender Energie ist, ob es sich um »tote« Materie, »lebende« Körper, ob um seelische, geistige oder spirituelle Geschehnisse handelt. Daran kann heute im Zeichen der Erkenntnisse aus der Kernphysik und aller Wissenschaften, die sich mit atomaren und subatomaren Vorgängen beschäftigen, kein Zweifel sein. Das haben übrigens die »Atomistiker« unter den altgriechischen Philosophen schon ein halbes Jahrtausend vor Christus gelehrt. Wir fangen heute erst an, die nahezu unendlichen Schlußfolgerungen zu ziehen, die sich aus dieser Wandlung des Fundaments unseres Weltbildes ergeben. Das vorliegende Buch versucht, eine der in der Tat grenzenlosen Auswirkungen dieser Erkenntnis für uns alle nutzbar darzustellen.

Es geht um eine der Erscheinungen, die man seit geraumer Zeit unter dem Oberbegriff der *Radiästhesie* zusammenfaßt. Denn so wie die seit altersher bekannten und genutzten Werkzeuge von Rute und Pendel solche energetischen Schwingungen aufzeigen, die für unsere menschlichen Sinne normalerweise nicht erkenntlich sind, so tut das auch der Energiesensor in einer Weise, die über deren Erkenntnismöglichkeiten beträchtlich hinausgehen.

Das erste Gerät dieser Art hat nach allem, was wir wissen, der italienische Professor Pasquini anfangs der dreißiger Jahre dieses Jahrhunderts geschaffen. Er nannte es »Aurameter«, weil er es in erster Linie für die Feststellung und Messung der menschlichen Aura benutzte, also der energetischen Ausstrahlung des menschlichen Organismus. Anscheinend ist seine so bedeutungsvolle Entdeckung dann zunächst in Vergessenheit geraten, bis sie in den USA (Dr. Christopher Hills) und in Deutschland (Dr. Josef Oberbach) in der Folgezeit entweder wieder aufgegriffen und weiterentwickelt oder von neuem gemacht und ihre Verwertung über die bloße Arbeit an der Aura hinaus ganz wesentlich erweitert wurde.

Ein großes Verdienst kommt hier vor allem Dr. Oberbach zu, dessen Gerät (»Biotensor«) offensichtlich der Anlaß war, daß mehrere Hersteller in den letzten Jahren in etwas veränderter Form ganz ähnliche Geräte unter verschiedenen Namen auf den Markt brachten. Bei meinem jahrelangen Arbeiten mit solchen Geräten entdeckte ich bald, daß es – ganz ähnlich wie bei Rute und Pendel – keinerlei aufwendiger und damit teurer Konstruktionen bedarf, um vollwertige Ergebnisse zu erzielen. *Es genügt dafür schon die einfachste Ausführung,* die das Prinzip verwirklicht: die hochgradige Elastizität eines horizontal gehaltenen und nicht zu kräftigen Stahldrahts mit dem richtig bemessenen Gewicht an seinem Ende zum Kenntlichmachen von energetischen Vorgängen, sei es im Körper dessen, der ihn in der richtigen Weise hält, oder einer anderen Person. Alles was dafür wichtig ist, wird später noch im einzelnen dargelegt werden.

Wie ist es zu erklären, daß sich energetische Vorgänge in dieser Weise äußern? Dazu muß man als erstes in seiner ganzen Bedeutung verstehen, daß tatsächlich *alle möglichen Lebensprozesse* energetischer Natur, das heißt *die Auswirkung von unermüdlich schwingender Energie* sind. Wie schon gesagt, hat die moderne Kernphysik unwiderlegbar aufgezeigt und bewiesen: Nicht die Materie ist das Beständige und wir Menschen das Vergängliche – wie die große Mehrzahl der Menschen im Sinne der nur materialistisch orientierten Naturwissenschaft heute noch glaubt –, sondern Materie und Mensch sind in gleicher Weise nur Erscheinungsformen der allgegenwärtigen, in ihrem Ursprung noch immer rätselhaften Urenergie, die sich uns in vielerlei Gestalt darbietet. Es gibt im letzten Grund keine Materie an sich, es gibt nur energetische Schwingungszustände von ganz verschiedenen Frequenzen und unterschiedlicher Dichte.

Und überall, wo Leben ist, fließen *lebendige Kräfte in Gestalt energetischer Abläufe.* Ohne sie gibt es in der Tat kein Leben! Es ist weit mehr als die bloße Summe von chemischen Abläufen: Es ist allerfeinstes Geschehen unaufhörlicher elektronischer Vorgänge in und zwischen den verschiedenartigsten Zellverbänden. Alle Prozesse des Lebens spielen sich in einer Mikrowelt von Schwingungen ab und in vielfältigsten Frequenzen. Ob wir nun von bioelektrischen oder wie die Russen von bioplasmatischen Strahlungen sprechen, von den Mikrokraftwerken der einzelnen Zellen, von den Biophotonen, den Trägern des Informationsflusses von Zelle zu Zelle, von den sogenannten Nervenimpulsen oder von den Ionen, den Transporteuren der spezifischen elektrischen Ladungen: immer begegnen uns die Körperzellen als Träger der offensichtlich universellen Lebensenergie, die Schwingungs- oder Strahlungsimpulse ebenso abgeben wie empfangen. Diese Phänomene gehören zu den elementarsten Voraussetzungen jeglicher biologischen Systeme. Ohne sie gibt es keine Übermittlung von Nervenimpulsen jeder Art, keine Ernährung, kein Wachstum, keine Bewegung. Was würden dem Körper auch alle seine Aufbaustoffe nützen, wenn er nicht die Energie hätte, sie im Sinn seiner Organgesetzlichkeiten nutzbringend zu verarbeiten und zu verwerten? Demnach liegen allen Lebensvorgängen energetische Organisationsmuster zugrunde, die ihre natürliche Schwingung und Ausstrahlung haben. Die strukturierende Lebenskraft ist also das letztlich Wesentliche und nicht die materielle Verkörperung mit ihren Zellen als den bloßen Bausteinen der lebenden Natur.

Diese alles schaffende und alles steuernde Lebenskraft hatte zu allen Zeiten und in allen Völkern einen eigenen Namen: *die »Seele«.* Auch ihre ständig pulsierende Wechselwirkung mit dem Körper, die für den Gegenstand dieses Buches so wichtig ist und manchem selbst heute noch zweifelhaft erscheint, erklärt sich so von ganz allein: Daß zum Beispiel psychische Vorgänge wie etwa Liebe oder Haß elektrophysikalische Phänomene bewirken und hochgradig beeinflussen und steuern. Das EKG (Elektrokardiogramm: Aufzeichnung der Aktionsströme des Herzens), das EEG (Elektroenzephalogramm: Aufzeichnung der Gehirnströme), die Kirlian-Fotografie (Sichtbarmachung der Korona oder Aura des Körpers) beweisen es neben anderen Möglichkeiten absolut zweifelsfrei. So wies auch der in der ganzen Welt berühmt gewordene Medizinprofessor August Bier seinerzeit darauf hin, daß das Wesen des Lebens die Seele sei, auch wenn gewisse Kollegen an sie ebensowenig glauben würden wie an Gott.[1] Der Begriff »Gott« ist doch nichts anderes, als die religiöse Formulierung für den uns Menschen unerklärlichen und unfaßbaren Schöpfergeist mit dem ihm innewohnenden Ordnungsprinzip oder — mehr naturwissenschaftlich ausgedrückt — als die ebensolche Schöpfungs- oder Urenergie, die sich uns in der Unendlichkeit des Kosmos zeigt, unendlich erhaben über alle formalen Religionen unserer Erde, obgleich sich diese alle miteinander letztlich doch immer nur auf sie beziehen.

Wir leben in der begrenzten Welt unserer Sinne

Nahezu alle seither geschilderten Vorgänge vollziehen sich im Innern unseres Körpers. Wir können sie normalerweise nicht sehen und mit keinem anderen Sinn wahrnehmen. Deshalb fällt es uns zunächst so schwer, das alles zu glauben oder gar davon überzeugt sein zu können. So sind wir jetzt bei einer zweiten Erkenntnis von größter Bedeutung: Wir (die wir letztlich auch nichts anderes sind als schwingende, fließende Energie) müssen in der Tiefe unseres Wesens die Tatsache aufnehmen und voll akzeptieren, daß wir nun einmal *in der begrenzten Welt unserer Sinne leben* und daher die beschriebene Grundlage unseres Seins ebensowenig erfassen können, wie alle die »Welten«, die mit unseren engbegrenzten Sinnen in ihren andersartigen Schwingungen nicht wahrnehmbar sind. So wie das beispielsweise mit den heute fast unendlich mannigfachen Funk- und Fernsehwellen der Fall ist, die uns an jedem Ort und in höchster Dichte umgeben. Vor allem unser Kopf: unser Denken, auf das wir Menschen doch so stolz sind, hat von diesem komplexen Energiespiel in unserem Organismus und um ihn herum kaum eine Ahnung, in gewissem Gegensatz zu unserem vegetativen Nervensystem, dessen Lebendigkeit unserem Bewußtsein verborgen bleibt.

Das wichtigste Phänomen für unser praktisches Arbeiten mit dem Energiesensor ist in diesem Zusammenhang *die Tatsache der Aura*. Nehmen Sie diesen Begriff bitte nicht nur in dem zumeist gebrauchten engeren Sinn der menschlichen Aura. Nehmen Sie ihn in dem ganz weitgreifenden Sinn, der jegliche Ausstrahlung von schwingender Energie umfaßt. Hinter jedem uns sichtbaren materiellen Körper, oder treffender gesagt: rings um ihn herum, befindet sich der uns unsichtbare immaterielle bioelektrische Körper. Ob wir es Aura oder feinstofflicher Körper nennen (im Gegensatz zum grobstofflichen) oder, wie die russischen Wissenschaftler, Bioplasma: Was macht es für einen Unterschied? Viele bezeichnen dieses Phänomen bzw. die verschiedenen Schichten oder Hüllen auch als Äther-, als Astralleib oder als spirituellen Körper. Am einfachsten und klarsten ist die Betrachtung nach seinen drei Schichten: die dem körperlichen Leib am engsten anliegende »körperliche« Auraschicht, die »seelische« (grob gesprochen etwa 20−35 cm reichend) und die »geistige« (bei innerlich hochentwickelten Menschen bis weit über einen Meter hinausstrahlend). Die individuell verschiedene Ausprägung der Aura in ihrer Ausdehnung, Gliederung, Dichte, feinster Farbschattierung usw., ist der uns unsichtbare vollendete Wesensausdruck der betreffenden Persönlichkeit.

Diese Aura ist indessen − wie schon angedeutet − nicht begrenzt auf uns Menschen, wie manche glauben. *Überall wo*

Leben ist, finden wir diesen feinstofflichen Leib: an jeder Blume, jedem Baum, jedem Tier, an allem was »da kreucht und fleucht«, kurz an jedem lebenden Organismus gleich welcher Art und welcher Entwicklungsstufe. Und nicht nur hier, sondern *auch an den vermeintlich toten Gegenständen,* zum Beispiel an den Steinen, die ja auch nichts anderes sind als eine Erscheinungsform der Energie, die sie geschaffen hat und sie erhält, in Gestalt des atomaren Geschehens in ihrem Innern. Das alles werden Sie bald mit Ihrem persönlichen Energiesensor bestätigt finden.

Um kurz bei den *Steinen* zu bleiben: Ähnlich wie Wasser haben sie nicht nur eigene Schwingungen in sich, sondern sie haben die Fähigkeit, hinreichend intensive Energieschwingungen, die von außen her lange genug auf sie eingewirkt haben, aufzunehmen und zu speichern, um sie dann ihrerseits wieder abzustrahlen. Auch das können Sie mit Ihrem Energiesensor selbst erleben: an alten vorchristlichen Kultstätten, an alten Kirchen und Wallfahrtsorten, an alten Hinrichtungsstätten, auch wo sich große Menschenmengen versammelt haben, überall da, wo starke Gemütsbewegungen lebendig waren. Der Energiesensor als besonders empfindlicher horizontal schwingender Pendel zeigt Ihnen auch treffend an, ob es sich um positive oder negative Ausstrahlungen handelt. Doch darüber später, an der dafür zuständigen Stelle genaueres. Fazit: Nicht nur »lebendige« Wesen haben ihre eigene ganz charakteristische Strahlung und Schwingung, sondern schlechthin jeder Stoff. Denn es gibt nichts, was im Kern nicht schwingende Energie wäre. Sie muß nur ein Mindestmaß an Stärke übersteigen, dann zeigt sie der Energiesensor unfehlbar an.

Wenn das alles so ist — und daran kann nach den wissenschaftlichen Erkenntnissen heute kein Zweifel mehr sein — dann liegt es auf der Hand, *daß wir uns in einem Meer von Energieschwingungen befinden,* die uns in ihren unendlichen Verschiedenheiten umgeben und geradezu einhüllen. Wir merken und »wissen« es nur nicht. Einige alltägliche Beispiele: Sie gehen auf einer Straßenseite und schauen ganz

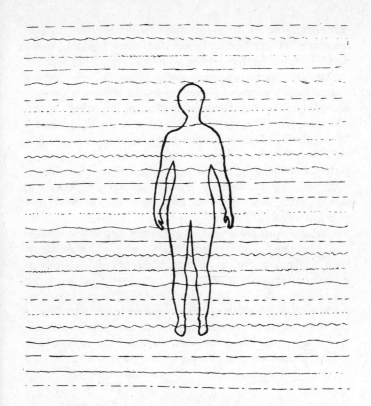

plötzlich, völlig spontan und unbewußt, zur anderen Seite hinüber oder zu einem Fenster hinauf, wo Sie sofort Blicken begegnen, die auf Sie gerichtet sind. Ein feinster Laserstrahl, das heißt ein Strahl gebündelter Energie, hat Sie getroffen. Oder Sie denken kurze Zeit, ohne daß es Ihnen in besonderer Weise bewußt wäre, ganz ruhig und gesammelt an irgendeinen Ihnen irgendwie nahestehenden Menschen. Da läutet das Telefon, er ist am anderen Ende und eröffnet Ihnen, daß er soeben an Sie denken und Sie deshalb gleich anrufen mußte. Was war der einfache Grund? Zwei Schwingungsfelder bzw. Schwingungsstrahlen sind aufeinandergetroffen und haben sich mehr oder weniger miteinander vermischt. Und wie häufig ist doch das auf der Stelle einsetzende Gefühl der wechselseitigen Abstoßung oder Anziehung, wenn die verschiedenen individuellen Schwingungsfelder von zwei Menschen aufeinandertreffen! Das eine wie das andere Ergebnis erklärt sich je nach dem abweisenden Aufeinanderprallen dieser beiden Auren mit ihren jeweils verschiedenen Strahlungen oder nach ihrem sofort einsetzenden Ineinanderfließen der etwa gleichartigen Schwingungen. Das bis zum totalen Ineinanderfließen der Auren von zwei sich zutiefst Liebenden, die etwa bei der geschlechtlichen Vereinigung bis zur letzten Faser ihres Organismus gepackt sind vom Erlebnis des totalen Sichhingebens und Einsseins mit dem geliebten Partner.

Bei diesem Ausstrahlen und Aufnehmen von allgegenwärtigen Schwingungen gibt es *keinerlei Grenzen, weder im Raum noch in der Zeit,* mindestens was unsere menschlichen Vorstellungen über diese Begriffe anbelangt. Tausendfache Experimente der Gedankenübertragung (Telepathie) über große und größte Entfernungen hinweg haben klar bewiesen, daß die ultrafein schwingende Energie der Gedanken keine räumlichen Grenzen kennt. Und weil sie sich nicht in nichts auflösen kann, bleibt sie auch über die Zeiten hinweg

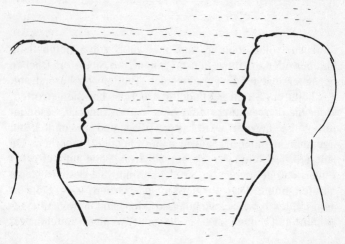

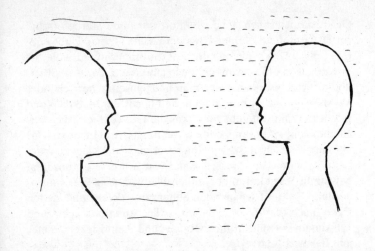

erhalten, denn ihre ganz spezifischen Wellen schwingen weiter und weiter. So wie wir heute schon in der Lage sind, in der damit verbundenen zeitlichen Verschiebung Funksignale von Weltraumsonden aufzunehmen, die von Menschenhand fabriziert sind und sich in für uns kaum noch vorstellbaren Entfernungen von unserer Erde befinden. Um wieviel großartiger müssen die Kräfte und Fähigkeiten der Natur sein, wie uns die unerklärlichen Leistungen vieler Tiere beweisen (z. B. Auffinden von Laichplätzen durch Fische, Insektenfang der Fledermäuse in rasantem Flug bei Dunkelheit, Ortssinn von Zugvögeln, Hunden und Katzen usw.), für die wir den Allgemeinbegriff »Instinkt« gebrauchen. Das Phänomen der schwingenden, fließenden Energie gibt uns mit höchster Wahrscheinlichkeit seine einfache Erklärung!
Worum es hier geht, zeigen uns auch die altasiatische Überzeugung von der »Akasha-Chronik« und die nahezu identische westliche, in der Bibel mehrfach verzeichnete Lehre vom »Buch des Lebens«: Dort wie hier ist über Raum und Zeit hinweg alles unauslöschlich »verzeichnet«, was je gedacht oder getan wurde. Denn diese Schwingungen, alle geistigen Schwingungsaktivitäten, sind unauslöschbar. Der

Geist ist unsterblich. Und wenn die bekannte Sterbeforsche-
rin Dr. Elisabeth Kübler-Ross gern sagt: »Unser Unbewußtes weiß alles«, das heißt, unsere unbewußte Seele ist
prinzipiell so etwas Ähnliches wie allwissend, dann heißt das
doch nur: Unser überheblicher und einseitig herrschender
Verstand[2] verschüttet in hohem und höchstem Maß das (und
macht es damit oft zunichte), was die Gewecktheit, die Auf-
geschlossenheit unseres Unbewußten, unseres »Instinkts« für
alle nur möglichen Schwingungen erfährt und weiß, mindestens erfahren und wissen kann, auch wenn es unserem
bewußten Verstand unbegreiflich bleibt. Die in Vergangen-
heit und Zukunft schauenden Seher aller Völker und Zeiten
legen auch dafür Zeugnis ab. Alle Ausstrahlungen und
Schwingungen sind in ihrer Raum- und Zeitlosigkeit immer
im Hier und Jetzt.
Jetzt sind wir wieder beim *Energiesensor*. Mit bewunderns-
werter Präzision *zeigt er diese Ausstrahlungen und Schwingungen auf*. In dem Zusammenhang, der uns hier beschäftigt, geht es dabei vor allem um die Reaktion auf zwei
Schwingungsfelder, die aufeinandertreffen. Seien es die
gegenseitigen Strahlungsfelder von zwei Menschen oder von
zwei bedeutungsvollen Gegenständen oder zumeist die Wirkung eines solchen auf den Menschen. Und darin liegt sein
großer Wert für uns alle, der wichtig genug ist, ihn als
Gegenstand dieses Buches einer breiten Öffentlichkeit anzu-
bieten. Das wird sich Ihnen bei der späteren Behandlung der
verschiedenen Anwendungsgebiete noch deutlich zeigen.
Ganz bewußt sollen nur solche Anwendungen des Energiesensors hier aufgezeigt werden, die für jedermann jederzeit
nachprüfbar und im täglichen Leben bedeutungsvoll sind.

Wie die Bewegungen des Energiesensors zustande kommen

Nun haben wir uns die Voraussetzungen dafür klargemacht,
daß wir uns der entscheidenden Frage zuwenden können:

Wie ist es möglich und allenfalls zu erklären, daß diese mikroelektrischen Schwingungsvorgänge *in ganz bestimmte Bewegungen des Energiesensors einfließen* und sich damit in ihrem Grundgehalt so klar äußern? Das ist eines der Grundprobleme der Radiästhesie, denn bei Rute und Pendel ist die Situation ja die gleiche. Die Antwort auf diese Frage ist im Prinzip einfach genug, wenn auch manches Detail des psycho-physischen Zusammenspiels »wissenschaftlich« nicht voll geklärt erscheint. Solange die unvergängliche Lebensenergie von Seele-Geist des Menschen in seinem irdischen vergänglichen Körper gebunden ist, sind diese in ihm wirksamen Energieschwingungen und -strahlungen bis zu ihren allerfeinsten Ausprägungen selbstverständlich in dieser seiner irdischen Einheit und Ganzheit lebendig. EKG, EEG und Kirlian-Fotografie beweisen es, wie schon gesagt.

Muß es dann noch verwunderlich sein, daß sich auch diese allerfeinsten Schwingungen genauso in der höchstentwickelten Bewegungsapparatur, *der menschlichen Hand, in allerfeinsten Bewegungen* auswirken? Im Prinzip ebenso wie in dem stärkeren oder schwächeren Zittern der Hände einer erregten Person, das wir wegen seiner größeren Intensität mit unseren Augen deutlich wahrnehmen? Offensichtlich ist es nun so, daß sich ganz bestimmte Nervenerregungen in ganz bestimmten Schwingungen des Energiesensors kundtun. Sie entwickeln sich bei bestimmten Voraussetzungen immer in der gleichen Weise und laufen immer in der gleichen Weise ab (senkrechtes Auf- und Abschwingen, waagerechtes Hin- und Herschwingen, Links- und Rechtsdrehung), wobei nur die Intensität des Schwingens verschieden ist. Sie werden bald selbst das einleitende, feine Zittern bzw. die noch unklaren und äußerst knappen unregelmäßigen Erstbewegungen des horizontal gehaltenen Energiesensors erleben, bis das auf ihn einwirkende und uns unsichtbare feinste Muskelspiel der Hand erst dann zu eindeutigen Antwortbewegungen führt, wenn sich die inneren Schwingungen in unserem Gesamtorganismus entsprechend entwickelt haben. Nicht umsonst hat schon der feinsinnige Geist Goethes darauf hingewiesen, daß der Mensch das höchstentwickelte physikalische Gerät sei.

Bei der praktischen Arbeit geht es in der Regel darum, *aus der Unzahl von Schwingungen,* die unseren Organismus treffen und in ihm ihre Wirkung tun, *eine einzige davon herauszufiltern,* weil wir speziell sie überprüfen möchten. Das ist zum Beispiel der Fall, wenn wir die für uns persönlich positive oder negative Schwingung eines Raums feststellen wollen, in dem sich ja unabhängig von seiner Eigenschwingung, wie überall sonst auch, ungezählte andere Strahlungen und Energieschwingungen befinden. Dann ist das Wesentliche *die totale Sammlung unseres Geistes, unseres Bewußtseins einzig und allein auf diesen einen abzufragenden Punkt:* Jetzt stellt sich unser Unbewußtes ganz auf diese *eine* Schwingung ein und sondert damit alle anderen aus. Und der Energiesensor, den wir in der Hand halten und dessen Kopf wir ruhig und fest im Auge haben, reagiert nun ausschließlich auf diese eine herausgefilterte Schwingung.

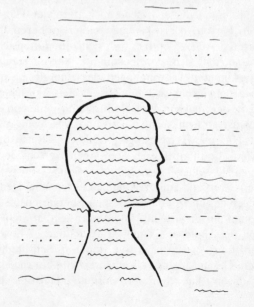

Bewußt habe ich jetzt das Wort »*Sammlung*« *und nicht* »*Konzentration*« gebraucht, weil bei dem letztgenannten Begriff entschieden mehr die bloß verstandes- und willensmäßig bewirkte Zusammenraffung der inneren Kräfte betont ist. Diese baut aber Barrieren im Energiefluß auf, die den gewünschten Erfolg verhindern. Denn die Energie muß frei fließen können. Im Gegensatz dazu sammelt sich der ganze Mensch in Kopf *und* Gefühl in ganz ruhiger, gleichsam spielerischer Form, wenn er sich ohne jede Verspannung auf nur *eine* Sache einstellt, eben sich zielgerichtet voll »sammelt«. Dieser Punkt ist von größter Wichtigkeit. Ein hoher Prozentsatz der Fehlschläge liegt hier verursacht.

Voraussetzungen für das Arbeiten mit dem Energiesensor

Beim Lesen der bisherigen Ausführungen werden Sie sich schon einige Male gefragt haben, ob auch Ihnen *das Arbeiten mit dem Energiesensor möglich sein wird.* Sie können insofern beruhigt sein, als *grundsätzlich ein jeder Mensch von Natur aus die Fähigkeit* dazu hat. Sie muß nur wie alle Begabungen entwickelt, eingeübt und ausgebildet werden. »Es ist noch kein Meister vom Himmel gefallen«, sagt das bekannte Sprichwort, und: »Aller Anfang ist schwer«. Das aber nicht immer. Ich habe inzwischen genug Menschen kennengelernt, bei denen der Energiesensor (in einem höheren Maß als die Rute oder ein Pendel) schon beim ersten Versuch auf Anhieb einwandfrei reagierte, und natürlich mit den richtigen Ergebnissen. Das ist freilich nicht immer so. Ähnlich wie bei der Pendelfähigkeit *kommt es* nach meinen nun jahrelangen Beobachtungen *im wesentlichen an:*

● auf die persönliche Empfindsamkeit, eine ursprüngliche Veranlagung: Je sensibler der Mensch ist, um so feiner kann er verständlicherweise reagieren und auf feine geistige Schwingungen auch körperliche Reaktion zeigen.

● vor allem auf den seelisch-geistigen Entwicklungsgrad:

Vorwiegend materiell eingestellte Menschen können nicht erwarten, in Bereiche vorzustoßen, die ihnen mangels Verständnis von vornherein fremd, wenn nicht suspekt und innerlich gar nicht erreichbar sind.

- auf die Fähigkeit der hochgradigen inneren »Sammlung«, angefangen bei der gestellten Frage bis hin zum Einsetzen der Reaktion des Energiesensors: Sie beruht wie beim spielenden Kind auf selbstverständlicher, ungezwungen-lockerer Einheit von Denken und Fühlen und nicht auf einer bloß verzwungenen »Konzentration« von vorwiegend einseitiger Willensbemühung (siehe Schluß des vorigen Kapitels).

- auf die volle Einstellung auf die zu lösende Aufgabe, was die Überwindung des EGO, das Freisein vom ICH mit seinem Wunsch nach Geltung, Anerkennung und materiellem Gewinn voraussetzt. Das gelingt am Ende nur dem, der im Erkennen seiner eigenen menschlichen Kleinheit demütig und ehrfürchtig erfüllt ist vom Wirken der allgewaltigen, unendlichen Kraft, die über allem steht.

- schließlich auf die nötige Einübung des psycho-physischen Zusammenspiels der Kräfte und Schwingungen im eigenen Organismus (mit der vollen Beherrschung der richtigen Handhabungstechnik: darüber später!), das sich beim einen rascher, beim anderen langsamer einstellt. Gar mancher, der sich anfangs total überfordert fühlt, entwickelt sich bald zum Könner!

Schon aus diesen Punkten ergibt sich alles, was *für die Steigerung der Fähigkeit* wesentlich ist. Ein jeder, der sich um seine innere Weiterentwicklung bemüht, arbeitet an der Erfüllung der Aufgabe, die uns allen in dieser Welt gestellt ist: uns von der ganz natürlichen kindlichen Egozentrik zum reifen, vollen Menschentum hin zu entwickeln. Das bedeutet immer Heraustreten, Herauswachsen aus dem engen Rahmen, dem engen Gefängnis des ICH. Ohne dies gibt es keine innere Reifung, die dieses Wort wirklich verdient. Und das ist ein mühsamer, steiniger Weg, auf den man immer wieder hinauftreten muß, ist man von ihm abgekommen. Das ist nicht leicht. Um so weniger, als dieses Reifen im allgemeinen zwar stetig, aber doch nur langsam vor sich gehen kann. Es gibt keinen Ersatz dafür. Wer sich jedoch aufrichtig Tag für Tag darum bemüht, der wird anfangs ausschließlich für sich selbst mit dem Energiesensor arbeiten, bevor er die Gewißheit haben kann, ihn auch im Dienst für andere Menschen einzusetzen. Und in ihm wächst dann mit dieser Arbeit an sich selbst von allein die Steigerung seiner Fähigkeiten und damit auch die stetige Verfeinerung seiner Arbeit und seiner Ergebnisse mit dem Energiesensor.

Alle radiästhetischen Werkzeuge: Rute, Pendel und Energiesensor bringen uns immer und immer wieder *in Berührung mit den Kräften, die dahinterstehen und darin wirken:* mit der alles schaffenden und erhaltenden, unablässig schwingenden Urenergie, die unseren Sinnen nur verborgen bleibt, mit dem uns Unerklärbaren, mit den gewaltigen Schöpferkräften der Natur, mit dem Göttlichen, wie immer wir es nennen mögen. Dann mag uns ein oft fassungsloses Staunen über sein geheimnisvolles Wirken ergreifen, das uns in diesem so einfachen Hilfsmittel des Energiesensors begegnet. Durch ihn ist uns ein gewisser Einblick in das Wirken Gottes und in das Geheimnis seiner Schöpfung gewährt, der uns bisher verwehrt war. Es mag uns in unserem kleinen Menschsein helfen, diese unendliche göttliche Kraft etwas besser zu erkennen und ihr in Demut und Ehrfurcht ein Stückchen näherzukommen.

Für die Zielsetzung dieses bewußt wenig umfangreich gehaltenen Buches genügt es, die wesentlichen Grundgedanken der Gesetzlichkeit, die im und hinter dem Energiesensor steht und wirkt, so knapp wie hier geschehen aufzuzeigen. Ich könnte auch sagen: sie bloß zusammenzufassen. *Wer sich genauer darüber informieren will,* der möge das in dem zuletzt erschienenen Werk des Verfassers, »Pendeln«, tun.[3]

Hier sind die Zusammenhänge dieser Gesetzlichkeit beträchtlich genauer dargestellt in dem ausführlichen ersten Teil »Warum kann man pendeln? – Das Geheimnis hinter dem rätselhaft erscheinenden Phänomen« (S. 20–50). Denn die Grundproblematik der Radiästhesie ist hier wie dort die gleiche.

Der Energiesensor:
Das Gerät und seine Handhabung

Beschreibung und Herstellung

Der Energiesensor als neuartiges radiästhetisches Werkzeug steht in seiner Art sozusagen zwischen Rute und Pendel. Anders ausgedrückt: Er ist teils Rute, teils Pendel, er ist ein Mittelding zwischen beiden:

- Rute deshalb, weil Sie ihn so wie diese in horizontale Lage bringen, hier jedoch zu dem Zweck, daß das Gewicht in seinem Kopf durch die Elastizität des Stahldrahts richtig in Schwingung kommt.
- Und Pendel deshalb, weil Sie ihn ähnlich wie diesen mit nur einer Hand halten, jedoch nicht an einer beweglichen Schnur oder dergleichen nach unten hängend, sondern in waagerechter Position.

In der allereinfachsten Form besteht er aus nichts anderem als einem relativ dünnen Stahldraht, an dessen Ende Sie irgendein Gewicht befestigt haben. Dieses muß nur ziemlich genau auf die Elastizität des Stahldrahts abgestimmt sein. Sein anderes Ende ist dann in dieser so einfachen und dabei schon voll funktionstüchtigen Form der Handgriff. Das ist alles.

Sein Name sagt, daß er *Energie erfühlt und entsprechend anzeigt.* In Wahrheit erfühlt natürlich genauso wie bei Rute und Pendel diese Energie nicht das Gerät, sondern in seinen unbewußten Tiefenschichten der menschliche Organismus, der es in der richtigen Weise gebraucht. In unseren dafür höchstempfindlichen Aufnahmeorganen, von denen wir nur nichts wissen, nehmen wir die Schwingungen der lebenden oder »toten« Substanz auf, auf die wir uns geistig eingestellt haben. Das Gerät gibt uns dann die Antwort: Es zeigt uns die Reaktion unseres Unbewußten darauf an, bzw. die Reaktion unserer eigenen Wesenheit auf die Ausstrahlung der anderen. Es ist ganz ähnlich wie bei den Instrumenten im Automobil oder im Flugzeug, z. B. einem Geschwindigkeitsmesser, die uns ja nur über gewisse Fahr- oder Flug- oder Motorzustände unterrichten, ohne sie hervorzurufen.

Der besondere Vorzug des Energiesensors: Bei der richtigen Abstimmung des Gewichtes am Sensorkopf in bezug auf die Elastizität des Drahts kommt er bei vielen Menschen leichter zum Ausschlagen bzw. zum Schwingen als der Pendel oder auch die Rute. Dabei macht er allerfeinste Schwingungen sichtbar, die von einem Objekt ausgehen, etwa einer Pflanze, oder zwischen zwei Schwingungsfeldern (Auren) fließen, in der Regel zwischen dem des Menschen und dem eines anderen, für ihn wichtigen Objekts im weiten Sinne dieses Wortes. Das kann irgendein Lebewesen sein oder irgend etwas anderes bis hin zu vermeintlich toter Materie, die mit Eigenschwingung gesättigt ist, z. B. jegliches Nahrungsmittel, Getränk, Medikament bis hin zu bestimmten Steinen. Er zeigt dann die in einem Prüfobjekt vorhandene Lebensenergie bzw. die Reaktion der beiden Schwingungsfelder aufeinander in seiner eigenen »Sprache« an. Sie ist mit der des Pendels verwandt und doch wegen der eigenen Bewegungsweise des Sensors in seiner eindeutigen Aussage verschieden.

Nun zu den bedeutungsvollen Einzelheiten des Energiesensors, und zwar zunächst bezogen auf seine mehrfach erwähnte einfachste Form, die sich jedermann ohne besondere Mühe und ohne besonderen Zeitaufwand selbst herstellen kann. Das Gerät weist die folgenden drei Teile auf:

a) *Den einfachen, dünnen Stahldraht* kann ich vielleicht als sein Kernstück bezeichnen. Er ist im allgemeinen etwa 20–35 cm lang und je nach Härtegrad etwa 0,3–0,7 mm stark. Als Stahldraht ist er ausgesprochen elastisch, also derart leicht biegsam, daß er von allein immer wieder in die gestreckte Ausgangslage zurückkehrt. Sie können ihn in jedem guten Eisenwarengeschäft kaufen, zumeist in kleinen

Rollen. Von ihr zwicken Sie mit einer einfachen Zange die erforderliche Länge ab und biegen den Draht mit der Hand, bequemer mit einer Flachzange, gerade. Bei entsprechendem Druck können Sie Stahldraht in dieser Stärke ohne Mühe in eine gerade Linie ausrichten, in der er dann dauernd verbleibt. Es gibt auch elastischen Draht aus Halbedelmetall, von dem ich Ihnen jedoch abrate, nicht nur wegen des Preises, sondern vor allem wegen der im Vergleich zum Stahldraht verminderten Elastizität, also wegen seiner etwas größeren Schwerfälligkeit. Statt Stahldraht könnten Sie auch einen dünnen Kunststoffstab benützen, der aber der Elastizität halber ziemlich lang sein müßte und so das Gerät relativ unhandlich machen würde.

b) *Als Sensorkopf benötigen Sie ein Gewicht,* das – wie schon gesagt – einigermaßen genau auf die Elastizität des Stahldrahts abgestimmt sein muß. Ein ganz einfacher, handelsüblicher Flaschenkork ist dafür fast ideal geeignet, weil Sie ihn kinderleicht und ohne Umstände verarbeiten können. Sie brauchen das eine Ende des Stahldrahts nämlich nur in die Mitte seiner Rundung, also an seinem einen Ende, mit Ihrer Hand hineinzuschieben oder -zubohren. Wenn Sie dabei sorgsam vorgehen und beim Hineindrücken die exakte Senkrechte beachten, dann sitzt er nach allen Seiten gleichmäßig und fest auf dem Draht auf. Ebenso können Sie einen Radiergummi aufschieben.

Nun zum richtigen Abstimmen dieses Gewichts auf die Elastizität des Stahldrahts: Auch dieses Problem ist beim Korken/ Gummi leicht zu lösen. Das ist völlig klar: Je stärker der

Stahldraht, um so größer muß das Gewicht an seinem Ende sein, und umgekehrt. Wenn es für Ihren dünnen Draht zu schwer ist, so nehmen Sie einfach ein scharfes Küchen- oder Sägemesser und schneiden den Korken (Gummi) Scheibe für Scheibe ab, bis er das richtige Gewicht hat. Das ist dann der Fall, wenn Sie das folgende *Richtmaß* genau beachten: Nehmen Sie den Stahldraht am anderen, dem freien Ende, so in die Hand, wie es im nächsten Abschnitt unter c) beschrieben ist, und halten Sie das Stück Draht mit Gewicht am vorderen Ende möglichst genau in die Horizontale (parallel zu Fußboden und Zimmerdecke). Dann muß der vordere Teil des Drahtes, den Sie in Ihrer Hand halten, an seinem Ende etwa 20–30 Grad nach unten geneigt sein. Wenn Sie bei dieser Abstimmung des Gewichts das Kopfende, Sensorkopf genannt, mit Ihrer Hand in ein kräftiges Schwingen versetzen, dann schwingt es etwa 15 cm von oben nach unten oder von rechts nach links oder kreisförmig. Das ist normalerweise der stärkste Ausschlag des Sensorkopfes bei Ihrer praktischen Arbeit mit dem Gerät.

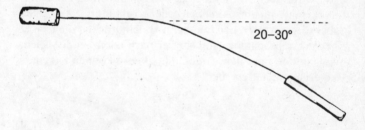

Es ist ratsam, daß Sie sich an dieses Richtmaß halten. Je schwerer nämlich der Kopf und damit die Länge des kräftiger gewählten Stahldrahts wird (bis zu 50 oder noch mehr cm!), um so langsamer kommt er zum Schwingen und um so weiter und kräftiger werden andererseits die Schwingungen. Werden die Kreisbewegungen dann mit Beginn der Schwingung um so eindeutiger und runder, so muß dies aber durch das wesentlich langsamere Einschwingen »bezahlt« werden.

Mit steigender Länge wird das Gerät auch unhandlicher, mindestens für bestimmte Aufgaben. Und das ist für das tägliche Arbeiten nicht zweckmäßig. Der Vorteil wäre zu teuer erkauft. Daher sollten Sie das Gewicht nicht zu groß wählen.

c) *Den Handgriff,* in der einfachsten und völlig funktionsgerechten Form, bietet Ihnen — wie Sie bereits gesehen haben — das andere Ende des Stahldrahts. Fassen Sie den Draht zwischen den nervenreichen Fingerspitzen der vier langen Finger, die alle an ihm anliegen, von unten und der nervenreichen Daumenspitze von oben her (wie auf Seite 32 dargestellt), und zwar ganz ruhig und vor allem locker, auf keinen Fall etwa mit verspannten oder gar verkrampften Fingern. Der Sensorkopf am anderen Drahtende ist dabei in horizontaler Lage, wie soeben beschrieben.

Zu b) und c): Um es nochmals zu sagen: Sie können statt des Korkens *für den Sensorkopf irgendein anderes Gewicht* verwenden, das Sie leicht befestigen können, z. B. eine entsprechend schwere Schraubenmutter, die Sie mit Bindedraht am Ende des Stahldrahts festmachen. Dazu brauchen Sie mit einer Flachzange das Drahtende nur um etwa 5 mm scharf zurückzubiegen, so daß sich eine Art Öse bildet. Das sieht natürlich noch weniger attraktiv aus als mit dem Korken. Eine recht schöne und zugleich einfache Lösung bieten ihnen gelochte Perlen oder Kugeln von etwa 10 oder 15 mm Durchmesser, wie Sie sie heute in jedem Hobbygeschäft billig kaufen können. Je nach der Weite des Lochs biegen Sie den dünnen Stahldraht wie eben beschrieben ein- oder auch zweimal in der Länge der Kugel um und klemmen ihn so in ihrem Loch fest. Ist eine Kugel gar zu leicht, dann nehmen Sie zwei hintereinander, was auch ganz gut aussieht. Notfalls drücken Sie noch ein kurzes Draht- oder Stecknadelstückchen in die Lochung hinein und sichern alles mit einem Tropfen Kleber — schon haben Sie den festen Sitz des Sensorkopfes.

Auch *ein einfacher und hübscher Handgriff* macht das Gerät ansehnlicher, obwohl er von der Funktion her gesehen eigentlich unnötig ist. Die Möglichkeiten:

- Beschaffen Sie sich einen Bananenstecker alter Art und ein dazugehöriges aufzusetzendes Kupplungsstück. Das äußerste Drahtende schrauben Sie nun kräftig in den Stecker ein und schieben das Kupplungsstück mit dem einen Ende darauf. Zuvor müssen Sie natürlich den Stahldraht um die Länge des so gewonnenen Handgriffchens kürzen (Richtmaß für die Elastizität!). Der Handgriff reicht gerade aus, um vier Finger darunter zu legen.

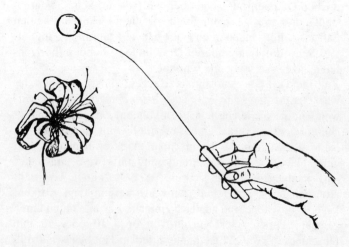

- Sie können auch ein entsprechend langes Stückchen Rohr aus Metall (z. B. ein dünnes Messingrohr, in Hobbygeschäften erhältlich, mit einer kleinen Eisensäge auf die rechte Länge abgeschnitten), Kunststoff oder Holz (z. B. von einem dünnen Bambusstab, in Blumengeschäften erhältlich) nehmen, den Draht genau in der Mitte des Röhrchens mit aufgeschlitzten Zündhölzern oder ähnlichem Material festklemmen, wobei ein paar Tropfen Kleber für die ganz feste Verbindung sorgen.
- Eine wiederum ganz einfache Lösung, die mir eine Dame präsentierte: Ein gewöhnlicher langer Sektkorken ist der Handgriff, ein weniger dicker Weinkorken am anderen

Ende, auf das rechte Gewicht abgeschnitten, der Sensorkopf.

- Wenn Sie möchten, können Sie selbstverständlich auch einen normal großen Handgriff in Form eines handlangen Rohrs an das Drahtende anbauen und das Rohr mit einer prächtig anzuschauenden Oberfläche, etwa sogar einem Edelmetall, beschichten!

Der Vorteil eines solchen festen Handgriffs: Die mögliche Gefahr, besonders beim noch Ungeübten, selbst durch unbewußten Druck der Daumenspitze von oben her auf die unten befindlichen vier langen Finger den dazwischenliegenden Stahldraht unmerklich in eine Auf- und Abschwingung zu bringen, ist damit beseitigt. – Nach meiner Erfahrung, die ich nun in mehreren Jahren mit allen möglichen Ausführungen gewonnen habe, kann ich getrost feststellen: Vom Stahldrahtkorken bis zur feinsten Ausführung arbeiten alle gleich gut. Denn das Wesentliche ist die richtige Abstimmung des Sensorkopf-Gewichts auf die Elastizität des Stahldrahts. Alles andere ist von der Funktion her unwesentliches Beiwerk, allenfalls eine gewisse, für den achtsam zu Werk gehenden Menschen jedoch nicht notwendige Erleichterung.

Technik der Handhabung

Bei der Arbeit mit dem Energiesensor ist wichtig:
- Daß Sie ihn *ganz ruhig in der Hand halten,* wie unter c) angegeben. Diese Ruhe darf aber unter keinen Umständen durch verstärkte Willensbemühungen zustande kommen, die sofort mit erhöhter Spannung oder gar beginnender Verkrampfung der das Gerät haltenden Muskulatur einhergeht. Die Haltung ist also *ganz locker,* gerade noch so weit von der voll gelösten Muskulatur entfernt, wie es nötig ist, um den Sensor annähernd fest zwischen langen Fingern und Daumen zu halten. Die Voraussetzung dafür ist immer innere Gelassenheit.

- Daß Sie diese lockere, spannungsfreie Ruhe der inneren Gelassenheit nicht nur in der den Sensor haltenden Hand haben, sondern *im ganzen Körper:* vor allem in Schultern, Nacken, Oberkörper und Hüftgelenk (ausgewogen-aufrechte Körperhaltung!), in den Knien (nicht durchgedrückt, sondern locker gestreckt) und den Füßen.

- Daß Sie im besonderen *den Ellbogen der haltenden Hand* (zumeist den rechten) locker an den Hüftknochen anlehnen, damit Unterarm und Hand das Gerät möglichst frei von Erschütterung oder noch so leichtem Zittern halten können. Mit steigender Übung wird das später nicht mehr so wichtig sein.

- Daß Sie auf *einen ruhigen, festen Stand* achten, als Voraussetzung für das bisher Gesagte, indem Sie Ihr Körpergewicht gleichmäßig auf beide Füße, Fersen und Fußballen verteilen, mit gutem Fußsohlenkontakt auf dem tragenden Boden. Wer Eutonie oder eine ähnliche Technik erlernt hat, weiß sofort, wie wichtig das für die innere und äußere Lockerung des ganzen Organismus ist.

- Daß Sie dann, wenn Sie zuweilen aus ganz praktischen Gründen *bei der Arbeit knien oder sitzen,* den Kontakt der Knie zum Boden hin bzw. den Kontakt des Gesäßes mit der Sitzfläche und den Fußsohlenkontakt zum Boden hin ganz bewußt fühlen, um jegliche Energieblockade auszuschließen.

- Daß Sie, wenn Sie den Energiesensor in die richtige Position gebracht haben, *Ihre Augen immer auf den Sensorkopf gerichtet* halten, um seine Reaktion abzuwarten, und zwar ohne innere Voreingenommenheit das Ergebnis betreffend. Offensichtlich ist diese Blickverbindung (ein allerfeinster Laserstrahl: gebündelte Energie!) für die Funktion des Geräts notwendig.

- Daß Sie schließlich die freie (zumeist die linke) *Hand, die den Energiesensor nicht hält, locker geschlossen halten,* also keine Faust mit Spannung in den Fingern machen. Wenn Sie die Hand nämlich geöffnet halten, kann sie sehr leicht als Antenne wirken. (Wie Sie gleich sehen werden, können Sie sie in der Tat oft als solche benutzen!) Der lockere Fingerschluß verhindert so ein mögliches falsches Ergebnis, was sich durch Aufnahme von dann nicht erwünschten anderen Schwingungen einstellen könnte. Die ohne Spannung geschlossene Hand schirmt demnach das Handchakra als Aufnahmeorgan, als Aufnahmeantenne ganz einfach ab.

Unerläßlich ist ferner die präzise Kenntnis der verschiedenen Prüfhaltungen, die Sie mit dem Energiesensor einnehmen können. Die folgenden Schlagworte geben die prinzipiellen Möglichkeiten knapp und klar wieder:

1. *Darüberhalten:* Der Energiesensor wird mit dem Sensorkopf etwa 10–30 cm je nach der Größe des zu prüfenden Objekts genau über dieses gehalten. Je kleiner es ist, um so näher gehen Sie von oben her an dieses heran. Beispiele: Eine Blume oder Pflanze, ein naturbelassenes oder chemisches Medikament, ein Getränk oder Nahrungsmittel, ein kleineres Tier oder ein bestimmter Körperteil von Tier oder Mensch, ein bestimmter Ort (geopathische Belastung: Hier können Sie in jede beliebige Höhe gehen).

2. *Dazwischenhalten:* Vor allem wichtig bei Verträglichkeitsprüfungen von Nahrungsmitteln oder Medikamenten, auch von geistigen Inhalten, die mit Eigenschwingung gesättigt

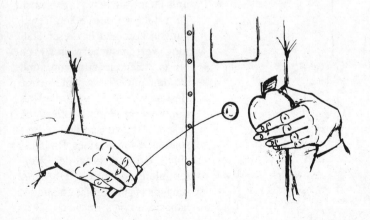

sind. Hier wird der Prüfgegenstand etwa 15−20 cm von dem besonders betroffenen Körperteil entfernt gehalten. Bei Dingen, die wir körperlich einnehmen, ist das zumeist der Magen. Der Energiesensor wird dabei zumeist in horizontaler Haltung von der Seite her genau in die Mitte zwischen beide gebracht. Beispiele: Nahrungsmittel, Getränke, Medikamente, Bücher u. dgl. Bei großen strahlungskräftigen Objekten kann der Abstand zwischen beiden wesentlich größer sein, z. B. bei Mensch und Baum, Mensch und Hund, zwei einander gegenübergestellten Menschen u. dgl. Hier kann der Abstand bis zu einem Meter betragen.

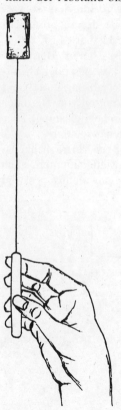

3. *Senkrechte Haltung:* Ihrer Besonderheit halber lohnt sich diese eigene Kennzeichnung, bei der im Prinzip genauso vorgegangen wird, wie soeben unter Ziffer 2 angegeben, mit einer Änderung: Das Gerät wird genau senkrecht gehalten, so daß das Gewicht des Sensorkopfes oben im Gleichgewicht ist. Der Sensorkopf befindet sich dabei meist in Stirnhöhe und kann mit den Augen noch gut erfaßt werden. Seine Bewegungen kommen in dieser Haltung verständlicherweise noch etwas leichter zustande und werden auch etwas intensiver. Besonders wichtig ist diese Haltung bei größerer Entfernung des Prüfgegenstandes. Beispiele: »Klima« eines Raumes, einer Gesellschaft oder Versammlung, oder auch Überprüfung eines geistigen Zusammenhangs wie eines Buches.

4. *Linke Hand als Antenne* (bei Linkshändern rechte Hand): So gut wie in allen unter Ziffer 1 und 3 genannten Fällen können Sie das Handchakra der freien Hand (die den Energiesensor nicht hält) als Aufnahmeantenne benutzen. In den Fällen, wie unter Ziffer 1 beschrieben, halten Sie die locker geöffnete Hand mit zwanglos abgespreizten Fingern mit dem Handteller nach unten über das Prüfobjekt, und zwar in der Höhe, wie unter Ziffer 1 angegeben. In den Fällen der Ziffer 3 erheben Sie die Hand mehr oder weniger nach oben hin, wobei die geöffnete Hand auch hier dem Prüfgegenstand entgegengehalten wird. Beispiel: Prüfung der Aura eines Menschen oder einer Versammlung. Den Energiesensor halten Sie dabei in der horizontalen Normalhaltung, wie vor kurzem beschrieben, in Ihrer rechten (linken) Hand.

5. *Ein langer Finger der linken Hand als Antenne:* Der Sonderfall, daß zwecks exakter Lokalisierung nur die nervenreiche Fingerspitze eines langen Fingers der linken (rechten) Hand durch Auflegen auf eine ganz eng begrenzte Stelle, z. B. am menschlichen Körper, als Antenne arbeitet, wird an der dafür zuständigen Stelle später behandelt werden. Dafür bewährt sich z. B. bei mir immer wieder der hochsensible Mittelfinger, auch in seiner ganzen Länge. Die anderen Finger der linken Hand sind dann locker angezogen, um das

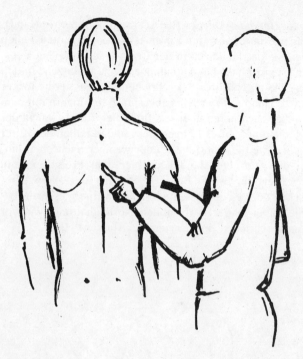

Handchakra als Antenne abzudecken. Der Energiesensor wird dabei wie bei Ziffer 4 in der normalen Position gehalten.
Wie Sie sehen, überschneiden sich nicht selten *verschiedene Möglichkeiten,* so daß Sie dann die Wahl haben oder auch zur Kontrolle beide Methoden anwenden können. Selbstverständlich wird im folgenden Buchteil bei der konkreten Anwendung des Energiesensors immer auf die bestgeeignete Prüfhaltung bzw. auf mehrere Möglichkeiten hingewiesen. Im übrigen werden Sie durch Ihre eigenen Erfahrungen recht bald keine Empfehlungen mehr benötigen. Denn mit der eigenen Erfahrung stellt sich rasch die persönliche Sicherheit des Vorgehens ein.
Als letztes sei die »Sprache« des Energiesensors aufgezeigt, also die verschiedenartigen Schwingungen des Sensorkopfes,

die uns seine Antwort, seine Reaktion bei einer Prüfung wiedergeben. Es liegt in der Konstruktion des Geräts begründet, daß es nur wenige klare Bewegungen machen kann, nämlich (von der haltenden Hand bzw. vom Körper des Ausübenden aus gesehen):

auf und ab –   *hin und her*   *linksdrehend*   *rechtsdrehend*
senkrecht   *– waagerecht*   *(entgegen*   *(im*
(vertikal)   *(horizontal)*   *Uhrzeigersinn)*   *Uhrzeigersinn)*

Was bedeuten diese 4 verschiedenen Bewegungen? Die Antwort ist einfach:

- Immer wenn der Sensorkopf *von einem Schwingungsfeld zum anderen hin und her geht* und dabei ständig wechselnd in das eine und dann in das andere eintaucht (z. B. Ziffer 2 der Aufstellung von soeben: etwa Mensch und Medikament, oder deren Ziffer 3: Mensch und Raumklima) oder wenn er *einseitig von einem bestimmten Schwingungsfeld angezogen* wird (z. B. Ziffer 1: etwa von einer Blume), bedeutet das: Übereinstimmung, Anziehung, positive Antwort. Das eine Schwingungsfeld fühlt sich beim anderen wohl und braucht dessen Nähe und Hilfe. Im ersten der eben aufgeführten zwei Beispiele schwingt der dazwischengehaltene Sensorkopf horizontal, im zweiten der darübergehaltene vertikal. Letzteres zeigt immer das Vorhandensein von Lebenskraft an.

- Schwingt der Sensorkopf jedoch *zwischen den beiden Schwingungsfeldern auf und ab,* vermeidet er also das wechselweise Eintauchen in diese, oder geht er *über dem zu prüfenden Gegenstand hin und her* (horizontale Schwingung), wird er also nicht angezogen, bedeutet das: Das eine Schwingungsfeld will mit dem anderen nichts zu tun haben, Ablehnung, negative Antwort.

- *Linksdrehung:* Die erfühlte Energie ist negativer Art, für den Organismus nicht günstig oder schädlich und zu vermeiden. Das ist körperlich und geistig zu verstehen.
- *Rechtsdrehung:* Die erfühlte Energie ist positiver Art, für den Organismus förderlich und wertvoll. Auch hier ist das körperlich und geistig zu verstehen. Für das weitere Verhalten, das sich aus dieser positiven Anzeige ergibt, ist wichtig: Gegebenenfalls muß man jetzt auf der Hut vor einem Übermaß an Einwirkung sein, denn »allzuviel ist ungesund«. Auch die positive Energie muß verarbeitet werden können!
- *Keinerlei Reaktion,* der Sensorkopf bleibt still stehen: Neutralität, weder Anziehung noch Abstoßung, weder Ja noch Nein. Der Organismus braucht diese Energie nicht, sie schadet ihm aber auch nicht.

Diese Reaktionen sind im allgemeinen für alle Menschen gültig. Es mag jedoch seltene *Ausnahmen* geben, auch wenn mir persönlich noch keine begegnete. Sollten Sie eine solche sein, was jedoch kaum wahrscheinlich ist, werden Sie das sicherlich bald feststellen können und dann die für Sie richtigen Antwortfiguren herausfinden. Um jegliche Unklarheit zu vermeiden, werde ich unter dieser Einschränkung im folgenden Teil des Buches die Bedeutung der Antwortbewegungen jeweils kurz angeben. – Werden Sie als Anfänger nicht ungeduldig: Es mag einige Zeit der Eingewöhnung brauchen, bis sich das ganz unbewußte, allerfeinste Muskelspiel der haltenden Hand und der Schwingungsrhythmus von Stahldraht und Sensorkopf zu reibungsloser Übereinstimmung eingespielt haben.

Die Weite der Ausschläge des Sensorkopfes ist wichtig: Je weiter und intensiver sie sind, um so stärker und nachhaltiger ist die Antwort Ja oder Nein, und umgekehrt. Ein ganz schwaches Ja oder Nein schwingt nach jeder Seite nur 1 bis höchstens 2 cm. Versichern Sie sich dann aber, daß diese ganz schwache Bewegung nicht bloß von Ihrer gerade unruhigen Hand verursacht wurde: Es muß ein echtes, kontinuierliches Hin und Her sein. Ein ganz starkes Schwingen greift nach jeder Seite 7—8 cm aus, insgesamt also bis 15 cm oder noch knapp darüber. (Sollten Sie einen besonders lang geratenen Energiesensor haben, dann wird dieses Maß natürlich noch entsprechend größer sein.) In diesen Fällen werden auch Sie über die Kraft staunen, die diese weite Bewegung verursacht hat.

Sie brauchen sich *auf eine ganze einfache Art nur vier Stufen der Energiesensor-Antworten* zurechtzulegen, je nach der Stärke der Sensorkopfausschläge, etwa: schwach = 1, mittelstark = 2, stark = 3, extrastark (der Sensorkopf schlägt bei richtigem Abstand von mindestens 15 cm auf beiden Seiten an) = 4, und schon haben Sie in ganz unbürokratischer Weise eine für die Praxis durchaus ausreichende klare Klassifizierung der Ergebnisse.

Brechen Sie einen Schwingungsvorgang nicht zu rasch ab, sondern erst dann, wenn er sich vielleicht 10—15 Sekunden lang nicht mehr verstärkt. Erst dann haben Sie das Maß seiner Intensität vor sich. — Im übrigen werde ich an späterer Stelle, die sich dafür besonders anbietet, noch auf die zuweilen wertvolle Hilfe einer Ableseskala für die Schwingungsweite des Sensorkopfes zu sprechen kommen.

Das Einsetzen der Schwingungsbewegung braucht seine Zeit: Im Zweifelsfall müssen Sie bis zu einer Minute oder noch ein wenig mehr warten können (bei ganz ruhig gehaltenem Körper und ganz ruhig gehaltenem Sensor). Es liegt doch auf der Hand, daß sich die einander begegnenden und berührenden Schwingungsfelder zuerst einmal »abtasten« müssen, bevor sie eine Reaktion zeigen können. Besonders dann, wenn die Reaktion nur ein ganz schwaches Ja oder Nein ist, dauert es oft ziemlich lange bis zum Beginn der ersten klaren Hin- und Her- bzw. Auf- und Abschwingung. Selbstverständlich lassen Sie sich nicht dadurch verunsichern, daß sich zuweilen in der Phase des Abwartens völlig natürliche, ganz schwache »Zitter«-Bewegungen Ihrer Hand auf den Energiesensor übertragen können. Sie sind in keiner Weise gleichbleibend in ihrer Bewegung, sondern haben einen eher augenblicklich-ruckhaften Charakter.

Seien Sie unbesorgt: Wenn Ihnen das alles jetzt nach der ersten Lektüre reichlich kompliziert erscheinen mag, so werden Sie sehr rasch merken, wie einfach es in der Praxis ist! Seien Sie nur so klug, besonders in der Anfangszeit Ihres Übens, wenn Sie Ihre eigenen Erfahrungen machen, gerade dieses und das folgende Kapitel gelegentlich nochmals zu überfliegen. Es wird Ihnen rasch alle nötige Sicherheit geben und Sie vor Irrtum bewahren, der später nur mit um so größerer Bemühung auszuräumen wäre.

Die häufigste Fehlerquelle

Es hätte wenig Sinn, wenn ich jetzt den eingangs beschriebenen richtigen Gebrauch des Energiesensors praktisch durch Aufweisung jeder falschen Handhabungsmöglichkeit noch einmal wiederholen würde, indem ich also lediglich die negative Seite jedes einzelnen Punktes behandeln würde. Diese Kontrolle kann jeder Leser im Bedarfsfall selbst vornehmen. Jetzt kann es nur darum gehen, daß ich auf den wohl *häufigsten Grund* dafür hinweise, *daß ein Ergebnis ausbleibt.* Es handelt sich dabei um die relativ große Gefahr einer unbewußten Verspannung oder gar Verkrampfung irgendwo im Körper, die den freien Fluß der Energie erschwert oder gar blockiert. Der Grund dafür ist im wesentlichen zweifacher Natur:

1. *Ganz allgemein:* Im Zeichen der heutigen Leistungsgesellschaft *neigt ein hoher Prozentsatz der Menschen* in unseren westlichen Ländern von vornherein *zu Verspannungen.* Denn jegliches Sichgehenlassen, jegliches Das-Leben-lockernehmen ist mindestens unbewußt mit der Besorgnis verbunden, man könne an vermeintlichem Persönlichkeitswert − so wie er fälschlicherweise vorwiegend verstanden wird − und an entsprechender Persönlichkeitseinschätzung einbüßen. Und das erscheint dem durchschnittlichen, im aktiven Leben stehenden Menschen unerträglich. Wie selten erleben wir in unseren Seminaren, die wir nun seit langen Jahren abhalten,

jemanden, der nicht unter ständiger innerer und damit auch äußerer körperlicher Spannung steht! Diesen fundamental wichtigen Zusammenhang kann ich aus verständlichen Gründen hier nicht in seiner psychologischen Wurzel darlegen. Das ist an anderer Stelle bereits hinlänglich geschehen.[4]

Konkret gesprochen: Speziell *die Finger* fassen den Stahldraht bzw. den Handgriff nicht locker an, sondern mit ausgesprochener Spannung. Auch *die Schulter* (das heute vielzitierte Schulter-Nacken-Syndrom!) ist oft verspannt, oder *die Knie* sind durchgedrückt und *die Füße* leicht verkrampft, was sich zum Beispiel in den mit Kraft angezogenen Zehen zeigt. Als Folge tritt dann sofort die eben erwähnte mehr oder minder ausgeprägte Blockierung des Energieflusses ein. Offensichtlich ist es aber eine wesentliche Voraussetzung für die unbehinderte Anzeige von im Organismus unbewußt erlebten Energieschwingungen, daß die Energie und jede Energieveränderung, die sich mit der inneren Sammlung auf ein Prüfobjekt einstellt, ganz frei und völlig ungezwungen durch die Nerven hindurch in das Nervensystem der Hand hineinfließen kann, die den Energiesensor hält. Wie könnte es auch anders sein? Daher ist die Arbeit an der eigenen Persönlichkeit im Sinn der richtig verstandenen ganzheitlichen Eutonie oder damit verwandten Techniken auch so wichtig.[4]

2. *Im besonderen neigt gerade der Anfänger,* was sich leicht verstehen läßt, vor lauter Aufpassen auf die vermeintlich vielen Kleinigkeiten der richtigen Haltung des Körpers und des Geräts — bis diese durch ihre Einübung ganz selbstverständlich geworden sind — *zu übermäßiger Konzentration.* Das muß eine gelockerte, gelöste innere Einstellung und eine demgemäß lockere, gelöste Körperhaltung erschweren. Deshalb empfehle ich bei ausbleibendem Anfangserfolg, die zu Beginn des vorigen Kapitels aufgeführten Momente in aller Ruhe Punkt für Punkt einzuüben und dabei immer auf Freiheit von Spannung zu achten. Diese Bemühung wird sich bald lohnen und dann ein um so erfolgreicheres Arbeiten mit dem Energiesensor zur Folge haben.

Es wird immer wieder nach der Gefahr gefragt, *die Ausschläge des Energiesensors durch Voreingenommenheit, persönliche Wünsche usw. zu beeinflussen,* ganz ähnlich wie beim Arbeiten mit dem Pendel. Diese Gefahr will ich auf keinen Fall abstreiten. Ich bin mir jedoch nach Jahren des eigenen praktischen Arbeitens mit beiden Geräten und nach den diesbezüglichen Erfahrungen einer mittlerweile beachtlichen Zahl von anderen Personen ziemlich sicher, daß diese Besorgnis beim Energiesensor weit geringer ist als beim Pendel. Die Erklärung ist einfach und einleuchtend: Während beim geistigen Pendeln der menschliche Geist immer gleichsam als Schaltstufe zu der zumeist nur gedachten, lebhaft vorgestellten Lebensrealität fungiert, reagiert der Energiesensor nahezu immer auf die unmittelbaren, realen Schwingungen der zu prüfenden Substanzen bzw. Objekte. Die Gefahr der Einmischung von subjektiven Momenten muß also ganz wesentlich gemindert, wenn nicht – wie manche sagen – sogar ausgeschlossen sein. In der Tat schlagen bewußte subjektive Täuschungsversuche, wo man sich voll auf ein ganz bestimmtes Ergebnis einstellt, beim Energiesensor sehr, sehr oft fehl. Das wurde mir auch von anderer Seite mehrfach bestätigt.

Nochmals: *Machen Sie sich als Anfänger frei von Ungeduld!* Denn auch sie erzeugt sofort Spannung in Ihrem Organismus. Wenn Sie mit Ihrem Üben – auch bei anfänglichem Mißerfolg – nicht nachlassen, untertags einige Male die Arbeit ernsthaft versuchen, dann werden sich bald erste Erfolge einstellen, die für weitere Motivierung sorgen. Dann werden Sie Schritt für Schritt in die Beherrschung all der »Kleinigkeiten« hineinwachsen, die dann in der Summe rasch die nötige Erfahrung und den vollen Erfolg bringen.

Praktisches Einarbeiten

Nachdem Sie nun die im Hintergrund stehenden Gesetzlichkeiten des Energiesensors, das Gerät selbst und seine Handhabung kennengelernt haben, können Sie getrost mit *einigen praktischen Übungen* beginnen, die Ihnen sehr bald den weiten Spielraum aufzeigen, innerhalb dessen Sie ihn zu Ihrem reichen Nutzen gebrauchen können. Nochmals betone ich: *Achten Sie besonders am Anfang* Ihres praktischen Arbeitens darauf, daß Sie die in den vorigen Kapiteln übersichtlich herausgestellten Voraussetzungen beachten. Um so rascher werden sie Ihnen zur selbstverständlichen Gewohnheit werden. Vermeiden Sie also peinlich, sich vorschnell irgendeine falsche Gewohnheit erst anzuüben, die Sie sich dann später nur sehr schwer wieder abgewöhnen! Die folgenden Übungen setzen diese richtige Handhabung selbstredend voraus.

1. *Pflanzentest:* Halten Sie den Sensorkopf ungefähr 10−20 cm über irgendeine Pflanze, Blume, Blüte, über irgendein Blatt einer Zimmerpflanze oder eines Strauchs im Freien. Nach kurzer Zeit der Einfühlung wird er mehr oder weniger auf und ab schwingen und damit die vorhandene Lebensenergie anzeigen:

● bei einer ganz gesunden Pflanze schwingt er voll aus, vielleicht 14−15 cm,
● bei einer ungewöhnlich kräftigen bis zum alleräußersten Rand seiner Schwingmöglichkeit,
● bei einer schwächlichen (vielleicht auf einem geobiologisch gestörten Platz stehenden) oder einer schon nicht mehr frischen oder nur mit Hilfe der Chemie noch »gut« aussehenden Schnittblume wesentlich schwächer, je nachdem 4−12 cm,
● bei einer welk gewordenen, das heißt vor ihrem Sterben stehenden, nur noch ganz schwach, vielleicht 1−3 cm,
● und bei einer voll verwelkten bleibt er im Stillstand: die Lebenskraft ist jetzt voll erloschen, die Pflanze ist »gestorben«.

2. *Scheiteltest:* Halten Sie den Sensorkopf 20−30 cm über den Scheitel eines Menschen, der auf einem Stuhl oder auf dem Fußboden sitzt und warten Sie auf sein Auf- und

Abschwingen. Merken Sie sich, bis zu welchem Maß der Sensorkopf hier ausschwingt.

● Dann beginnen Sie von neuem etwa 20 cm höher und tun das gleiche.

● Das wiederholen Sie so lange, bis in größerer Höhe kein Schwingen mehr einsetzt.

Merken Sie sich die Weite der Ausschläge in den verschiedenen Höhen und die höchste Höhe, in der der Energiesensor noch anspricht. Vergleichen Sie das Ergebnis mit dem bei anderen Menschen: Es wird Sie zum Nachdenken anregen!

3. *Nahrungstest:* Nehmen Sie irgendein Lebensmittel oder Obst oder Getränk in Ihre linke Hand, die Sie so weit nach vorn strecken, daß sich der in Ihrer rechten Hand gehaltene Energiesensor mit seinem Kopf 15—20 cm darüber befindet:

● Wird der Sensorkopf von der Mischung der Schwingungen aus dem betreffenden Stück und Ihrer Hand angezogen, schwingt er auf und ab (senkrecht), so ist das getestete Stück für Sie gut, Ihr Körper braucht es, je stärker die Schwingbewegung, um so mehr.

● Geht der Sensorkopf jedoch hin und her (waagerecht), ist das Gegenteil der Fall.

● Dann bringen Sie das Teststück 15—20 cm etwa vor Ihren Magen und halten mit der rechten Hand den Sensorkopf in die Mitte zwischen Magengegend und Teststück (wozu Sie den rechten Ellenbogen anheben können und dabei auf absolut ruhige Handhaltung achten, weil Sie den Ellenbogen jetzt ja nicht mehr an die Hüfte anlehnen können). Wird dieser jetzt zwischen beiden hin und her schwingen (waagerecht), so zeigt das die wechselseitige Anziehung beider an, das getestete Lebensmittel ist für Sie gut; je stärker die Schwingbewegung, um so mehr.

● Im gegenteiligen Fall des Auf- und Abschwingens (senkrecht) will die Strahlung Ihres Körpers nichts mit der des Teststücks zu tun haben: es ist für Sie nicht gut; je stärker auch hier die Schwingbewegung, um so weniger.

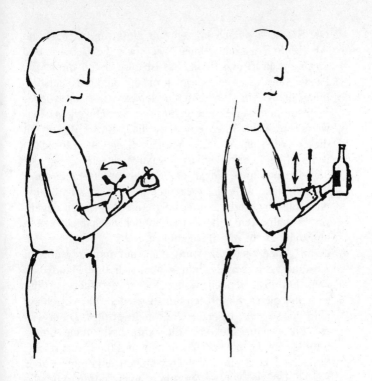

Sie sehen: Nicht die senkrechte oder waagerechte Schwingung an sich gibt Ihnen die richtige Antwort, sondern nur die Position des Sensorkopfes zu der bzw. zu den Schwingungen, die auf ihn einwirken. Sie können sicher sein, daß das Ergebnis Ihrer Überprüfungen bei den beiden verschiedenen Methoden ausnahmslos entweder positiv oder negativ ausfällt, obwohl die Schwingungsrichtung des Sensorkopfes für das Auge verschieden ist.

4. *Baumtest:* Legen Sie Ihre geöffnete linke Hand mit den abgespreizten Fingern locker auf einen Baumstamm auf, halten Sie den Sensor in der Normalposition der rechten Hand und warten Sie mit auf den Sensorkopf gerichteten Augen dessen Bewegungen ab:

- Die Stärke des nach kurzer Zeit einsetzenden Auf und Ab (senkrecht) zeigt Ihnen, wie stark die Lebens- und Strahlungskraft dieses Baumes ist, also deren Intensität. Ist sie recht stark, geht der Sensorkopf bald in Rechtsdrehung über, um dann wieder senkrecht, dann wieder rechtsdrehend und senkrecht usw. zu schwingen. Das wiederum zeigt Ihnen eindeutig die positive Wertigkeit dieser Ausstrahlung, das heißt, daß sie ausgesprochen wertvoll und förderlich ist. − Äußerst selten mag der Sensorkopf sinngemäß in der gleichen Weise auch links drehen, dann wäre das Gegenteil der Fall, das heißt, die Ausstrahlung dieses Baumes wäre nicht gut, also negativen Gehalts. Ich habe das persönlich noch nicht erlebt und halte es für unwahrscheinlich.

- Dann gehen Sie Stück um Stück auf immer größeren Abstand zu diesem Stamm, wobei sich Ihre Hand bald von ihm löst, jedoch weiter locker geöffnet auf ihn gerichtet bleibt: Sie prüfen immer wieder den Ausschlag. Und das so weit, bis gar keiner mehr erfolgt. Dann wissen Sie genau, wie weit die Auraausstrahlung dieses Baumes hinaus in seine Umgebung und die Natur reicht. Manchmal mag Sie dann das Staunen ankommen über die Kräfte, die wir weder sehen noch spüren, und die doch da sind und ihre unbezweifelbare Wirkung haben müssen!

- Sie können jetzt, wie unter Ziffer 3 »Nahrungstest« im zweiten Teil soeben geschildert, die andere Prüfmethode anwenden: Sie stellen sich dabei mit Ihrem Körper auf Distanz zum Baumstamm, erweitern jeweils die Distanz und halten zur Überprüfung Ihren Energiesensor immer etwa in die Mitte zwischen den Baumstamm und Ihren Körper. Die Bewegungen des Sensorkopfes sagen Ihnen jetzt die Wirkung dieser spezifischen Baumschwingung auf Ihren Organismus. Und die Stärke der Schwingungen zeigt selbstverständlich auch hier die Intensität von Angezogen- oder Abgestoßensein an, also von positiver oder negativer Wirkung auf Sie persönlich.

5. *Magnettest:* Legen Sie irgendeinen noch so kleinen Magneten, zum Beispiel einen sogenannten Magnetschnäpper zum Halten von Möbeltüren oder einen noch so kleinen Taschenkompaß mit seiner winzigen Magnetnadel auf den Tisch und halten Sie in der bekannten Weise den Sensorkopf zunächst 20 cm genau darüber, den Sie ständig im Auge behalten:

● Nach einiger Zeit, vielleicht erst nach einer Minute, beginnt er zu schwingen: zuerst auf und ab (senkrecht), dann geht er in eine deutliche Linksdrehung über, anschließend sofort nach ganz kurzem Übergang von Auf und Ab in eine deutliche Rechtsdrehung, und dann wechselt er wieder zurück in das klare Auf und Ab, worauf das alte Spiel links, rechts, auf und ab von neuem beginnt und sich beliebig oft wiederholt.

● Sie können den kleinen Magneten jetzt auf den Fußboden legen und den Sensorkopf in 1 m Höhe genau darüber halten: der gleiche »Tanz« spielt sich ab.

● Sie können nun auf einen Stuhl steigen und den Sensorkopf so hoch wie Ihnen möglich über den Magneten plazieren, aber genau darüber: das gleiche Spiel wiederholt sich.

● Stellen Sie sich jetzt etwas seitlich und halten Sie statt des Sensorkopfes Ihre linke Hand genau über den auf dem Tisch liegenden Magneten, in Ihrer rechten Hand den Energiesensor in Normalhaltung: Dasselbe wird geschehen. Auch dann, wenn Sie die Hand 1 m hoch genau über ihn halten, wenn er auf dem Fußboden liegt, und ebenso, wenn Sie Ihre Hand so hoch hinaufhalten, wie Sie nur können. Sie dürfen sich dabei nur nicht verspannen oder gar irgendwie verkrampfen.

Warum der Energiesensor diesen »Tanz« aufführt? Das weiß niemand. Sie werden feststellen, daß der Energiesensor über jedem Magneten und bei jeder magnetischen Beeinflussung, wann immer Sie es probieren, gleich reagiert. Offensichtlich steht eine physikalische Gesetzlichkeit dahinter, die wir in ihren Hintergründen nur noch nicht erfaßt haben.

Und warum ist das Ganze so wichtig? Sehr einfach: Weil es

untrüglich Magnetismus anzeigt, wie er uns beim magnetischen Globalen Gitternetz mit seiner ständigen latenten Gesundheitsgefährdung überall begegnet. Darüber wird später noch ausführlich gesprochen werden.

Merken Sie, wie Sie bei allen diesen praktischen Übungen *immer nur das eine feststellen und messen: Energie,* ausstrahlende Lebensenergie, Vitalkraft. Wenn alles schwingende, fließende Energie ist – und daran kann kein Zweifel mehr sein –, dann ist die Energie nicht nur in der nach unseren Begriffen »lebenden« Substanz, dann ist sie genauso in der nach unseren Begriffen »toten« Substanz. So verstanden, ist auch jeder Stein ein energetisches Gebilde und daher etwas Wandelbares und »Lebendes«.

Hier nochmals zur »Sprache« des Energiesensors: Halten Sie sich nicht formal an die senkrechte oder waagerechte Schwingung des Sensorkopfes als einer etwa eindeutigen Kundgabe, sondern an die Richtung seiner Schwingung bezogen auf die beiden zu überprüfenden Objekte mit ihren besonderen Schwingungsfeldern:

- Zieht die (Lebens-)Energie, die in *einem* Prüfobjekt steckt oder in zwei einander gegenüberstehenden, den Sensorkopf an, dann ist die Antwort positiv.
- Verweigert sie das, indem sie den Sensorkopf quer zu dieser Richtung schwingen läßt, bewegt er sich also zwischen den beiden Energiefeldern entlang deren Berührungsfläche, dann ist die Antwort negativ.
- Und an der Stärke oder Intensität des Ausschlags oder der Schwingung des Sensorkopfes können Sie den Grad der Zustimmung oder der Ablehnung zuverlässig ablesen. Daher empfiehlt es sich, daß Sie sich mindestens für den Anfang, bis sich Ihr Auge entsprechend geschärft hat, zum genaueren Ablesen der Schwingungsweite eine einfache Skala anfertigen, die natürlich auf die Länge Ihres Stahldrahts und das Gewicht des Sensorkopfs abge-

stimmt ist. Ein bewährtes allgemeines Richtmaß habe ich weiter oben kurz vor dem Ende des vorletzten Kapitels schon aufgeführt.

Die Beachtung dieser Punkte wird Ihnen besonders zu Beginn Ihrer Arbeit mit diesem Gerät, das in seiner Wirkung geradezu zauberhaft erscheint, manche Unklarheit ersparen.

Der Energiesensor: Seine Anwendung für vielfältige Überprüfungen und Klärung von wichtigen Beziehungen

Mit den praktischen Übungen, die Sie im letzten Kapitel kennengelernt und gemacht haben, ist Ihnen im Prinzip schon die Handhabungstechnik der konkreten Alltagsarbeit mit dem Energiesensor vertraut geworden. Das werden Sie bei den verschiedenen Arten seiner Anwendung dann immer wieder sehen und erleben. So brauche ich im folgenden Teil des praktischen Gebrauchs des Energiesensors nur relativ knappe Hinweise auf seinen Einsatz bzw. auf die eine oder andere Besonderheit zu geben.

Verträglichkeit von Nahrung und Medikamenten

Zunächst geht es um die unmittelbare Hilfe, die uns der Energiesensor im tagtäglichen Leben leistet, wenn es darum geht, einwandfrei zu erkennen, *ob alles das, was wir körperlich zu uns nehmen, für uns auch gut ist oder nicht.* Es geht also um die vielerörterte Verträglichkeit von Nahrungsmitteln jeder Art, von zubereiteten Speisen, der bald unübersehbaren Getränkearten, die uns allerorten angeboten werden, und schließlich − ein ganz wichtiges Kapitel − um die Auswahl bzw. Kontrolle der Medikamente, die wir im Fall einer gesundheitlichen Störung benötigen, um mit ihr fertig zu werden.

Sämtliche Nahrungsmittel und natürlich auch alle Medikamente, die wir unserem Körper zuführen, haben nicht nur ihre heute im Detail bekannten chemischen Auswirkungen heilsamer und schädlicher Art. Sie lösen aufgrund der ihnen innewohnenden biophysikalischen Schwingungen auch *aller-feinste elektromagnetische Impulse* aus und steuern so auch ihrerseits die Regulationsmechanismen unseres Nervensystems und des ganzen Körpers mit. Dabei spielt eine wesentliche Rolle unsere Haut, in der der gesamte energetische Prozeß unseres Organismus lebendig ist. An alldem kann nach den Erkenntnissen und praktischen Erfahrungen der letzten Jahrzehnte kein Zweifel mehr sein.

Von hier aus gesehen, tut sich ein ganz wichtiger *neuer Aspekt zu Gesundheit und Krankheit* auf. Daher weiß die moderne biologische Medizin sehr genau, warum sie sich heute so intensiv gerade auch mit diesem Problemkreis auseinandersetzt. Die Energien dieser Bioelektrizität können wir ebenso schlicht wie treffend als Grundfaktor unserer Lebenskraft bezeichnen: der Lebenskraft, die uns von Natur aus innewohnt, und die unsere volle Gesundheit nur mit Hilfe der unserer Nahrung innewohnenden Lebenskraft erhalten kann.

Zurück zum Energiesensor. Da ich mich seit Jahrzehnten mit dieser Problematik beschäftige, darf ich getrost sagen, daß er uns in einer geradezu großartigen Weise helfen kann, *die vielen, in der Praxis täglich auftauchenden Fragen zu klären.* Bisher waren wir immer nur auf die Methode angewiesen – wie der Engländer sagt – des »try and error«, also des Probierens und des Irrens, wobei uns der allgemeine menschliche Erfahrungsschatz zwar beträchtlich, aber niemals ganz vor Mißgriffen schützen konnte. Vor Mißgriffen deshalb, weil jeder Mensch ein in sich geschlossenes Individuum darstellt, das im Zug des stetigen Wandels auch von Tag zu Tag verschieden ist und unendlich vielen nicht berechenbaren Einflüssen unterliegt, die außerhalb des allgemeingültigen Erfahrungsschatzes liegen müssen. Der Energiesensor erfaßt dagegen immer die augenblickliche Situation und gibt mit einer Treffsicherheit, über die man nur staunen kann, die in dieser augenblicklichen Situation richtige Antwort.

Warum das so ist, haben wir im grundsätzlichen besprochen. Hier nur, um die kühne Behauptung von soeben zu erhärten, noch einmal *die wesentlichen Stichworte:* Alles ist schwingende Energie. Der prüfende bzw. der geprüfte Mensch strahlt sein Schwingungsfeld aus und das zu prüfende Nahrungsmittel oder Medikament, das er in der Hand hält oder das vor ihm liegt oder vor ihn gehalten wird, das seine. Der Energiesensor, der dem Einfluß dieser beiden Schwingungsfelder ausgesetzt wird, zeigt uns an, wie sie sich zueinander verhalten und wie unser Organismus auf die Schwingung reagiert, die auf seine eigene stößt. Sind die beiden im Einklang miteinander, dann schwingt der Sensorkopf von einem Schwingungsfeld zum anderen: dann *tut das geprüfte Objekt unserem Körper gut,* dann kann er es zu seinem Heil gebrauchen oder er benötigt es sogar. Die Stärke der wechselseitigen Anziehung sagt es uns. Und im gegenteiligen Fall, wenn die beiden Schwingungsfelder nicht im Einklang miteinander sind, dann stoßen sie sich aneinander, und der Sensorkopf schwingt an der Nahtstelle der beiden Trennungslinien entlang: dann *verweigert unser Organismus die Annäherung dieses Objekts,* er will mit ihm nichts zu tun haben, er weist es vielleicht brüsk zurück. Die Intensität des Schwingens entlang der Berührungslinie der Strahlungsfelder zeigt es uns sehr deutlich.

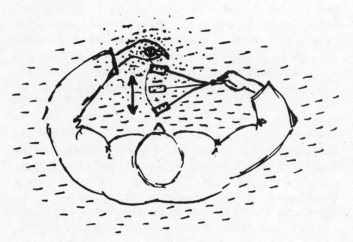

Ist das prinzipiell etwa anders, wenn z. B. unser Radio und unser Fernseher nur dann funktionieren, wenn *der ortsfremde Sender und unser Empfangsgerät* sauber aufeinander abgestimmt sind? Nur dann können die Wellen des Senders beim Empfänger ankommen, nicht wahr? Und weshalb ist uns das heute eine Selbstverständlichkeit, an der nur noch ein Narr zweifeln kann, und in unserem Fall des Energiesensors sollte es unglaublich oder gar Unsinn sein? Wer es immer und immer wieder als im Ergebnis zutreffend erlebt, kann sich über diese Selbstbeschränkung des Denkens mancher Menschen nur sprachlos wundern.

Nun kommt es manchmal vor, daß *der Sensorkopf zwischen den beiden Strahlungsfeldern still stehen bleibt.* Er kommt nicht ins Schwingen. Selbstverständlich haben Sie bis zu einer guten Minute gewartet, bis Sie das feststellen können. Was kann das anderes bedeuten als weder Anziehung noch Abstoßung? In diesem Fall ist das Prüfobjekt für Ihren Organismus neutral, das heißt weder gut noch schlecht. Sie können es ihm zuführen oder es sein lassen: Es wird sich nichts Nennenswertes in ihm verändern.

Wie müssen Sie den Energiesensor bei dieser Verträglichkeitsprüfung halten? Das haben Sie im vorigen Kapitel »Praktische Einarbeitung« in der 3. Aufgabe »Nahrungstest« schon kennengelernt. Beachten Sie die beiden Abbildungen auf der Seite 47 und halten Sie sich bitte an die dortige Anweisung, die Sie am besten jetzt nochmals nachlesen. Nur *wenn Sie das Prüfobjekt für Ihre eigene Person testen wollen,* nehmen Sie es selbst in die (linke) Hand und halten gleichzeitig mit der anderen (rechten) Hand den Energiesensor so, daß sein Kopf 10−20 cm genau darüber ist. Wenn Sie − wiederum bei Prüfung für sich selbst − die andere Methode anwenden, bei der Sie den Prüfgegenstand 15−20 cm vor den Magen halten, dann können Sie das ebenfalls selbst tun oder auch irgendein anderer Mensch, oder Sie plazieren ihn an den Rand eines entsprechend hohen Möbels und sich selbst als »Prüfling« entsprechend nahe davor. Alles das ist gleichgültig. In jedem dieser Fälle bedienen Sie den Energiesensor so, daß sein Kopf möglichst genau in die Mitte zwischen Ihren Körper und das Prüfobjekt kommt.

Um keinerlei Zweifel zu lassen: Wenn Sie irgendein Nahrungsmittel oder Medikament auf seine Verträglichkeit *für eine andere Person testen,* dann geben Sie ihr das entweder in die Hand und halten den Sensorkopf darüber oder, wenn sich das Prüfobjekt vor dem Körper (Magen) befindet, zwischen beide. Die Details dieses Vorgehens sind immer die gleichen und Sie kennen sie schon, so daß ich sie hier nicht zu wiederholen brauche.

Alles was Sie durch den Mund zu sich nehmen, halten Sie zur Prüfung am besten *vor den Magen,* also Lebensmittel, Speisen oder Getränke. Bei einem Medikament tun Sie das gleiche, oder Sie halten es im allgemeinen 15−20 cm *vor das*

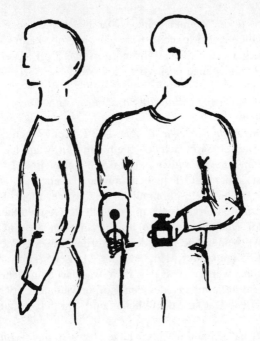

körperliche Organ, für das es bestimmt ist, z. B. bei einem Mittel zum Kreuzeinreiben vor die untere Lendenwirbelsäule und das Kreuzbein.

Noch ein Punkt von großer Wichtigkeit, der für alle folgenden Darlegungen gilt: *Der Energiesensor kann immer nur den augenblicklichen Zustand angeben.* Die Situation in den betreffenden körperlichen Organen (übrigens ebenso wie in der Seele, im Gemütsleben) kann morgen schon anders, vielleicht ganz anders sein als heute, am Abend anders als am Morgen oder Mittag, und am Morgen anders als den Abend zuvor. Nehmen Sie also, ganz besonders in einer kritischen Situation, eine augenblickliche Angabe, ein im jetzigen Moment erzieltes Ergebnis auf keinen Fall als allgemeingültig oder auch nur für eine längere Zeitspanne als gültig. Wie viele Behandlungsfehler sind auf die Mißachtung dieses Punktes zurückzuführen! Im folgenden wird darauf noch kurz zurückzukommen sein. – Das gleiche gilt auch für die einzunehmende Menge: Ist sie gar zu groß, kann die Antwort negativ ausfallen, während derselbe Stoff in der richtigen kleinen Menge positiv beurteilt wird.

Nun noch wichtige Hinweise für die Praxis des Energiesensorgebrauchs:
a) *Nahrungsmittel jeglicher Art:* Die Prüfung irgendwelcher Lebensmittel bietet sich vor allem dann an, wenn man *in sie nicht hineinschauen kann,* wie es zum Beispiel bei Eiern der Fall ist. Aber natürlich nicht nur in diesem Fall, sondern immer, wenn die Bekömmlichkeit, die Verträglichkeit für den gesamten Organismus in Frage steht. Denken Sie an die vielerlei *Diäten,* die heute bei bestimmten Störungen auf dem Werbemarkt je nach der Erfahrung des einzelnen Arztes für Kleinkinder, Kinder, alte Menschen und Kranke empfohlen werden. Was darf man, was darf man nicht? Wird es einem bekommen oder den Körper vielleicht noch mehr schwächen? Das sind die üblichen und sehr berechtigten Fragen.
Gar oft hat jemand in dieser Lage *eine besondere »Lust« auf etwas ganz Bestimmtes,* z. B. ein ganz bestimmtes Obst, und es wird ihm wegen der strikten Diätvorschrift verweigert. Der konkrete Körper aus Fleisch und Blut in seiner jeweils besonderen Situation ist oft – natürlich nicht immer – klüger als eine abstrakte Vorschrift und weiß viel besser, was ihm bekommt und was nicht: Überlassen Sie die Entscheidung getrost der Weisheit der sich berührenden Schwingungsfelder und dem Energiesensor, der es klar anzeigt und – halten Sie sich daran! Mehrere positive Erfahrungen, die Sie selbst machen oder an der Quelle beobachten, werden Ihre Zweifel ein für allemal ausräumen.
Ein anderer häufiger Fall: Wie oft wollen *schwangere Frauen oder Kranke in der Gesundungsphase* »etwas ganz Verrücktes« essen! Die einen sagen dann »Selbstverständlich, ja« und die anderen »Um Himmels willen, nein«. Jetzt braucht sich der arme Mensch in dieser Zwangslage nicht mehr damit

herumzuschlagen, wer wohl recht hat: Der Energiesensor zeigt es ihm, und er wird bald totales Vertrauen zu ihm haben.

Als Beispiel und zur Anregung *ein eindrucksvolles Erlebnis,* das ich selbst in der Zeit unmittelbar nach der Katastrophe von Tschernobyl hatte. Wir leben im südlichsten Zipfel des Landes Hessen nicht allzuweit von Heidelberg, wo wir seit Jahren auf dem Markt gern unser Frischgemüse und dergleichen einkaufen. Da wurde berichtet, daß gerade in unserem Bereich und in der mehr südlichen Pfalz starker radioaktiver Niederschlag gefallen sei, ausgerechnet also in den Gebieten, die den Heidelberger Markt beliefern. Die meisten hier Lebenden waren selbstverständlich stark verunsichert: Darf ich, darf ich nicht, muß ich nicht trotz aller Bedenken . . .? – In dieser Lage nur zu verständlich. Da machte ich mir eine einfache Schutzhülle für meinen Energiesensor, steckte ihn in meine Tragtasche und prüfte auf dem Markt zwischen den Ständen stehend in aller Ruhe Gemüse und Salatköpfe, die ich wie beschrieben vor Brust und Magen hielt. Bei etwa dreiviertel der Stände lehnte der Energiesensor die Ware teils scharf, teils gemäßigt ab und gab bei nur wenigen Ständen ausschließlich positive Antworten. Selbstredend kaufte ich dann diese Ware, die aus einem ganz bestimmten relativ eng begrenzten Gebiet der südlichen Pfalz kam. Einige Zeit später konnte ich in der Lokalpresse lesen, daß gerade dieses Gebiet von der aus Tschernobyl hergewehten Radioaktivität, aus welchen unberechenbaren Gründen auch immer, so gut wie völlig verschont geblieben war, wie die dann einsetzenden exakten Bodenmessungen ergeben hatten. (Nachsatz: Unvergessen ist mir eine quicklebendige 83jährige Dame, die mich bei dieser meiner Salatkopfauswahl höchst interessiert beobachtet hatte, mit mir ins Gespräch kam und sich noch am gleichen Tag ihren eigenen Energiesensor anfertigte!)

b) *Zubereitete Speisen:* Zu diesem Thema ist den Ausführungen, die Sie soeben gelesen haben, nicht viel hinzuzufügen. Selbstverständlich haben sie nicht nur für noch unverarbeitete Nahrungsmittel oder für die heute so weit verbreiteten Halbfertigerzeugnisse vielfältigster Art ihre Gültigkeit, sondern genauso für bereits zubereitete Speisen. Wenn sich diese als nicht bekömmlich erweisen, dann sollte man nicht – wie es häufig geschieht – die Speise als solche und als Ganzes verantwortlich machen mit dem vorschnellen Urteil: »Ich vertrage dieses Essen nicht.« In vielen Fällen läßt sich mit Hilfe des Energiesensors sehr wohl präzise feststellen, warum die Speise nicht vertragen wurde. Man braucht doch nur sämtliche für sie verwendete Bestandteile durchzuprüfen. Dann stellt sich nicht selten rasch und mühelos heraus, daß z. B. der Hauptbestandteil dieser Speise gut verträglich war und lediglich ein bestimmtes Gewürz oder eine sonstige Zutat nicht in Ordnung war bzw. aus welchen Gründen immer nicht vertragen wurde. Womit durchaus nicht gesagt ist, daß das immer so sein muß, wie ich bereits betont habe. Diese Erkenntnis kann in vielen Fällen doch eine große Hilfe sein.

Noch ein Wort zu *Allergien*. Es versteht sich von selbst, daß alle diese Ausführungen in vollem Umfang auch für diese oft außerordentlich belastende, ja gefährliche Unverträglichkeit irgendwelcher Substanzen zutrifft. Hier gilt es nur, an alles und jedes zu denken, was man zu sich nimmt bzw. womit man in engere oder auch weitergezogene Berührung kommt. Alle in Frage kommenden Substanzen müssen dann nur auf ihre Verträglichkeit mit dem eigenen Organismus überprüft werden. Auch das kann in bestimmten Fällen von großem Wert sein, unnötige Belastungen von oft langer Dauer zu vermeiden.

Dazu *ein praktisches Beispiel:* Eine Schweizer Therapeutin konnte mit Hilfe des Energiesensors mehreren Patient(inn)en, die des öfteren mit schlimmen Allergien zu tun hatten, genau sagen, welche Arten von Quark, Käse, Gemüse, vor allem auch von Kräutertees für sie ohne weiteres verträglich waren und welche nicht. Selbstverständlich prüfte sie alle eingenommenen Nahrungsmittel, Getränke, die benutzten Kosmetika u. dgl. durch. Im Fall einer besonders allergieanfälligen Dame, die unter ständigem Hautjukken an den Beinen und einem offenen Bein litt, wurde dann ganz unabhängig davon in der dermatologischen Abteilung des Inselspitals in Bern im Ergebnis genau das gleiche ermittelt; und zwar mit der Erkenntnis, daß die Ursache der Allergie feinste Spuren von Wollfetten waren, die in den zu vermeidenden Substanzen normalerweise enthalten sind. Das konnte der Energiesensor natürlich nicht feststellen, aber das für die Praxis einzig wesentliche Ergebnis, nämlich welche Produkte die Dame zu meiden hatte, stimmte exakt überein.

c) *Getränke aller Art:* Das bisher Gesagte gilt selbstredend sinngemäß auch hier. Nehmen Sie »den« *Kaffee:* Wie viele Sorten gibt es da und wie verschieden ist die Art der Zubereitung! Ich brauche nur auf den großen Unterschied in der Verträglichkeit bei vielen Menschen hinzuweisen, je nachdem, ob er nur relativ schwach gebrannt ist (wie vorwiegend in unserem Land) oder wesentlich stärker (wie in den südlich von uns gelegenen Ländern). Auch wenn Kaffee ganz allgemein in gewissem Sinn als giftig gelten kann und muß, so gibt es doch einen nicht geringen Prozentsatz von Personen, für die er ein wichtiges Anregungsmittel für Körper und Geist ist, solange er nicht im Übermaß eingenommen wird. Der Energiesensor sagt untrüglich, welche Kaffeeart bei welcher Zubereitung dem Organismus in Anbetracht aller Umstände gut bekommt und welche nicht. Warum soll man sich mit seiner Hilfe im Zweifelsfall nicht von allgemeinen Vorurteilen befreien und das Bekömmliche und Gute ausnützen, ohne deshalb Negatives auf sich zu ziehen?

Das gleiche trifft natürlich auch für die ganz verschiedenen Sorten und Zubereitungsarten von *Tee* zu, ebenso von *Kräutertee.* Es ist ein Segen, daß heute in breiten Bevölkerungsschichten ein neues Bewußtsein erwacht für den großen Wert der Naturheilmittel ganz allgemein und im besonderen für den Heilungseffekt so vieler Kräuter, die die Natur uns unverfälscht schenkt. Jedem Interessenten steht eine breitgestreute Literatur darüber zur Verfügung, und das Angebot ist so vielfältig, mit zahlreichen lockenden Versprechungen, daß man aus der Unsicherheit, das Richtige zu finden, aus der Qual der Wahl kaum noch herausfindet. Die einfache Hilfe: Suchen Sie sich aus der Fülle der möglicherweise in Betracht kommenden Kräuter die ganz wenigen aus, die Ihnen für Ihren speziellen Fall als besonders empfehlenswert geschildert werden − sei es aus der Literatur oder von erfahrenen Fachleuten −, beschaffen Sie sich diese und befragen Sie noch vor der Zubereitung Ihren Energiesensor. Er gibt Ihnen die klare Antwort, entweder Ja oder Nein, und die Stärke seiner Schwingung gibt Ihnen das für Sie ganz persönlich in diesem Augenblick Bestgeeignete an.

Wie viele Menschen wissen nie so recht, welcher *Wein* aus welcher Lage und welchem Jahrgang für sie der beste ist, für die Verträglichkeit im Magen und oft als wesentliche Hilfe für eine gute Verdauung. Der Energiesensor sagt es Ihnen eindeutig, er wird Sie kaum je enttäuschen. Nach dem Grundsatz »Das Bessere ist der Feind des Guten« wird er das für Sie Bestgeeignete anbieten: Es wird nicht selten die billigere Sorte sein! − Ist es bei der Unzahl von *Limonaden,* die den heutigen Markt geradezu überschwemmen, etwa anders? Und gerade bei ihnen, mit der so häufigen Überzuckerung und den undurchschaubaren Geschmacksstoffen sollte man doch recht kritisch sein. Und das erst recht, wenn man an die oft große Menge denkt, die so manche Tag für Tag zu sich nehmen. Sie brauchen nur die betreffende Flasche vor Ihren Magen und den Energiesensor dazwischenzuhalten, dann wissen Sie Bescheid!

Dazu noch ein Hinweis: *die Menge der Flüssigkeit.* Dieser Punkt wird im Gegensatz zur Menge der festen Nahrung viel zu wenig beachtet, ja von vielen in seiner Bedeutung überhaupt nicht erkannt. Die Flüssigkeit, die man täglich zu sich nimmt, sollte im richtigen Verhältnis zu dem stehen, was man an festen Stoffen aufnimmt. Wer tagtäglich, jahraus jahrein zuviel trinkt, also Flüssigkeit welcher Art auch immer seinem Körper zuführt, kann gar nicht verhindern, daß sein Organismus langsam aber stetig aus der gesunden harmonischen Mitte zwischen Spannung (Überspannung) und Lösung oder Entspannung (übermäßige oder Auflösung) seiner Lebenskraft herausfällt, hinein in die übermäßige Gelöstheit; das bedeutet Verlust an Spannkraft. Sie ist für die Bewältigung unseres Lebens nun einmal bitter nötig. Hier liegt z. B. eine oft überhaupt nicht erkannte Ursache für die Problematik nicht weniger Jugendlicher von heute. An anderer Stelle habe ich diesen fundamental wichtigen Zusammenhang dargestellt.[5]

Zu a) bis c): *Eine eindeutige Warnung vor einer nicht geringen Gefahr* darf ich am Ende dieser Betrachtung nicht unterlassen, die im wesentlichen unserer Ernährung und der wirkungsvollen Hilfe gewidmet ist, die uns der Energiesensor dabei geben kann. »Alles hat seine zwei Seiten«, sagt das Sprichwort, und »Allzuviel ist ungesund«. Diese vielgebrauchten Worte lassen sich in unserem Zusammenhang auch so verstehen, daß wir *den Gebrauch des Energiesensors im falschen Sinn übertreiben* können. Das ist unzweifelhaft dann der Fall, wenn jemand in wahrhaft hypochondrischer Weise kaum einen Bissen zu sich zu nehmen wagt, wenn er sich nicht zuvor in seiner Besorgnis, ja Angst, die »Genehmigung« seines Prüfgeräts eingeholt hat. Das kann sowohl die Beschaffenheit oder Zusammensetzung der Nahrung betreffen als auch ihre Menge. Dieser Mensch macht sich nicht nur wahrhaft zu einer Art Sklaven seiner Nahrung, sondern er verliert auch seine innere Unbefangenheit und verspielt das natürliche Wohlbefinden und die natürliche Kraft seiner Persönlichkeit. Es ist ein sehr gefährlicher Weg, der nur zu leicht in die Selbstzerstörung einmünden kann.

Wer sich darum bemüht, *im Einklang mit sich selbst und seiner* Welt zu leben[6], der kann normalerweise alles essen, was ihm die Natur im Wechsel der Jahreszeiten zur Verfügung stellt. Bei dem, der das dankbar und freudig genießend zu sich nimmt, sorgen die ungestörten seelischen Kräfte von ganz allein auch für die ungestörte körperliche Aufnahme und Verarbeitung. Derjenige kann und wird selbstverständlich, wenn ihm ausnahmsweise etwas nicht bekommt oder ein besonderer Grund zum Zweifeln vorliegt, den Energie-sensor im richtigen Geist für sein Bestes zu nutzen wissen. Er ist indessen weit entfernt von fast sklavischer Abhängig-keit von diesem so großartige Hilfe leistenden Gerät, wenn er es im Fall des Falles sinnvoll einzusetzen versteht. Die Situation ist hier nicht anders als beim praktischen Gebrauch des vielfältig verwendbaren Pendels, den der kluge Mensch auch nicht zu seinem Herrn und Gebieter macht, wie ich in meinem Pendelbuch auch schon deutlich hervorhob.[7] Ich wäre wahrhaftig der letzte, der einen solchen Mißbrauch eines solchen Geschenks, wie es der Energiesensor ist, emp-fehlen würde.

d) *Medikamente:* Bei den meisten Erkrankungen geht es im Anschluß an die Diagnose immer um das Problem der besten Therapie und damit auch um *die Auswahl des bestgeeigneten Medikaments.* Arzt und Heilpraktiker befinden sich soundso-oft in der gleichen Mißlichkeit wie der Patient, der bei einfacheren gesundheitlichen Schwierigkeiten bemüht ist, sich mit seinen verschiedenen Hausmitteln selbst zu helfen. Es gilt, aus verschiedenen Medikamenten, die für die betref-fende Behandlung in Frage kommen, dasjenige auszuwäh-len, das in Anbetracht aller Umstände wohl die beste Lösung des Problems verspricht. Die »Schema-F-Behandlung« – wie der Volksmund kurz und treffend sagt – muß ihre Tücken haben. Denn das unsichtbare Störungs- oder Erkrankungs-bild, das sich hinter dem äußeren Symptom verbirgt, macht bei der unendlichen Vielfältigkeit der menschlichen Indivi-dualitäten und Lebensumstände jede Einheitsbehandlung doch recht fragwürdig. Was bei der gleich erscheinenden Störung dem einen Patienten die gewünschte Hilfe bringt, braucht das bei einem zweiten noch lange nicht zu tun, ja es kann ihm zuweilen sogar beträchtlich schaden.

In dieser alltäglichen Schwierigkeit erweist sich von ganz besonderer Bedeutung *die große Hilfe, die der Energiesensor leistet.* Da im Strahlungs- oder Schwingungsfeld oder der Aura des Erkrankten alle ihn persönlich berührenden positi-ven und negativen Momente mitschwingen, gibt es den jeweiligen individuellen Fall mit einer Exaktheit wieder, wie sie auch der modernste Computer nicht bieten kann. Denn der kann nur das verarbeiten, was der menschliche Geist ihm zuvor eingegeben hat. Dieser aber kann die unendlich vielfältigen Vorgänge im menschlichen Unbewußten gar nicht erfassen, die bei einer seelischen oder körperlichen Persönlichkeitsstörung oft die entscheidende Rolle spielen. Das läßt sich heute klar nachweisen. Der Energiesensor reagiert jedoch auf das höchst individuelle Schwingungsfeld des einzelnen Menschen ebenso wie auf die ganz besondere Ausstrahlung des Medikaments in ihren feinsten Schattierungen. Daher seine in ihrem Wert kaum zu übertreffenden Kundgaben, wenn es um die Ermittlung des in der Tat bestgeeigneten Heilmittels aus verschiedenen Möglichkeiten geht, die im konkreten Fall zur Verfügung stehen.

Das Vorgehen dabei ist denkbar einfach: genauso wie es im Zusammenhang mit der Prüfung von Nahrungsmitteln jeglicher Art weiter oben in diesem Kapitel bereits beschrieben wurde. Am einfachsten ist die Methode, den Sensorkopf über das in die Hand genommene Medikament zu halten, sei es bei sich selbst oder bei einem anderen. Natürlich kann auch das zweite dort beschriebene Verfahren angewendet werden. Dabei ist es selbstverständlich, daß alle Hinweise auf die richtige Handhabung usw. zu beachten sind, wie sie weiter oben im zweiten Buchteil aufgezeigt wurden.

Der Wichtigkeit halber betone ich nochmal ganz bewußt die Tatsache, die gerade beim Einsatz von Medikamenten große Bedeutung hat: Der Energiesensor kann immer nur *die augenblicklich gegebenen Schwingungsverhältnisse,* also den augenblicklichen Zustand erkenntlich machen. Deshalb ist eine häufigere Überprüfung in nicht zu langen Zeitabständen angezeigt. Ferner: Das beste Mittel kann in *Überdosis* zum schlechten, vielleicht zum schlechtesten werden. Ganz besonders gilt dies bei Dauermedikation, also solchen Mitteln, die über längere Zeit hinweg einzunehmen sind. Und das gleiche trifft sinngemäß für *Diäten* zu, die ihrer Natur nach ja auch länger oder gar langfristig einzuhalten sind.

Heute wird mit Recht immer wieder auf die kostspielige und unsinnige *Medikamentenverschwendung* hingewiesen. Was liegt da näher, als wiederum durch den Energiesensor die einfache Frage zu klären, ob ein Medikament für einen bestimmten Fall noch als voll brauchbar und einsatzfähig anzusehen ist oder ob man es besser der Vernichtung zuführt. Die Verträglichkeitsprüfung beseitigt rasch jede Ungewißheit und jedes unnötige Risiko etwa im Interesse einer falschen Sparsamkeit.

Noch ein Wort an alle die Leser, die verständlicherweise noch immer ihre *Bedenken über die Zuverlässigkeit dieses Prüfgeräts* haben. Dr. Josef Oberbach, auf den ich schon einleitend wegen seiner besonderen Verdienste als Pionier in dieser Arbeit hinwies, geht nach vieljähriger Erfahrung mit seinem Gerät »Biotensor« so weit, daß er sich ohne Scheu für die absolute Richtigkeit seiner Prüfresultate verbürgt, also dafür, daß es ausnahmslos recht behält. Was er in ungezählten Fällen ermittelte, kann ich nun auch nach mehrjähriger eigener Erfahrung mit dem Energiesensor diesbezüglich nur bestätigen. Beide Geräte arbeiten ja auf der gleichen biophysikalischen Grundlage.

Zu diesem Punkt der oft *frappierenden Treffsicherheit des Energiesensors hier nur zwei Beispiele* aus der täglichen Praxis, die ich, ausgewählt aus einer langen Liste von möglichen weiteren, kurz berichten möchte:

1. Fall: Einer erfahrenen Heilpraktikerin mit hervorragendem wissenschaftlichen Hintergrund (Apothekerin und vieljährige Dozentin an einer Ausbildungsstätte für Apothekergehilfen) stellt sich eine Patientin mit voll entwickelter schwerer und stark schmerzender *Gürtelrose* vor, die sie seit sieben Jahren plagte und ihr das Leben gründlich vergällte. Alle medizinischen Hilfen waren in dieser langen Zeit ausnahmslos ohne Erfolg. Ihr wissenschaftliches Fachwissen riet ihr zu einem bestimmten Medikament A, ihr Gefühl für diese Patientin aber zum Medikament B, das jedoch ohne ausreichende fachliche Begründung, ja sogar bei fachlichen Bedenken. Sie entschließt sich zur Prüfung mit dem Energie-

sensor, der eindeutig bei A negativ und bei B stark positiv reagiert. Sie entscheidet sich daraufhin, nach beträchtlichem Zögern und nicht ohne Bedenken, zugunsten der Energie-sensor-Aussage für B. Ergebnis: Nach einer bei der Schwere des Falles verblüffend kurzen Zeit von einer guten Woche war die Patientin von ihrer langen Qual befreit, die Gürtel-rose war buchstäblich wie durch ein Wunder geheilt, und die Patientin blieb bis zum heutigen Tag ohne Rückfall.

2. Fall: Bei einer Heilpraktikerin findet sich eine Patientin mit starken *arthritischen Schmerzen* in den Knien ein. Sie greift in ihr Regal mit den häufig von ihr verordneten Medi-kamenten, nimmt rasch eines heraus und prüft es mit dem Energiesensor an der Patientin. Dieser reagiert positiv, also: Dieses Heilmittel ist in diesem Fall in der Tat gut. Wie sie es wieder in die eigene Hand nimmt, stellt sie fest, daß sie sich bei dem raschen Hineingreifen in ihren Medikamenten-schrank vergriffen und an der Patientin ein spezielles Herz-mittel überprüft hatte. Sie erschrickt darüber, daß ihr dieser Fehlgriff unterlaufen war, wird aber wegen der positiven Antwort des Energiesensors aufmerksam. Daher fragt sie die Patientin, ob sie eine Herzstörung habe, die für die Anwen-dung dieses Herzmittels charakteristisch ist, was ihr dann mit der erstaunten Gegenfrage bejaht wird: »Woher wissen Sie denn das, ich habe Ihnen davon ja gar nichts gesagt, weil ich weiß, daß mir da doch nichts helfen kann?« – Bei diesem Erlebnis spricht die Wissenschaft von einem doppelten Blindversuch von höchstem Aussagewert!

Frage zum Abschluß: Müssen solche Erlebnisse, die sich schon bei vielen Medizinern in ähnlicher Weise eingestellt haben und sich wiederholen, nicht ein unbedingtes Ver-trauen zum Energiesensor begründen?

An dieser Stelle muß ich noch einem möglicherweise ver-hängnisvollen Irrtum vorbeugen: *Der Energiesensor kann keinen Arzt- oder Heilpraktikerbesuch überflüssig machen.* Denn Fachwissen und Facherfahrung des guten Mediziners sind unersetzlich. Sie können und sollten jedoch mit Ihrem Arzt oder Heilpraktiker im Bedarfsfall ganz offen über alles sprechen. Jeder für die modernen biologisch-medizinischen Entwicklungen aufgeschlossene und sich seiner Verantwortung für den Patienten bewußte Arzt wird Ihre aktive Mitarbeit an Ihrer Gesundung begrüßen und das um so mehr, als alle Prüfungen und Ergebnisse des Energiesensors reproduzierbar sind. Scheuen Sie sich also nicht, Ihrem Arzt dieses einfache Gerät in seiner Funktion vorzuführen. Es kann gut sein, daß Sie damit indirekt auch anderen Menschen einen höchst wertvollen Dienst erweisen.

Innere Beziehung zu geistigen Werten und ihre Auswirkung

Im ersten Kapitel dieses Buchteils, das Sie soeben gelesen haben, konnten wir uns die segensreiche Hilfe des Energiesensors vorwiegend für die Gesunderhaltung unseres Körpers vor Augen führen. In diesem und den folgenden Kapiteln geht es hauptsächlich *um die seelisch-geistige Seite unserer Existenz.* Sie werden bald sehen, welch große Hilfe dieses Gerät für jeden Suchenden abgibt: Wie sehr es uns viele Umwege erspart und uns vor dem vergeblichen Einsatz von oft ganz beträchtlichen Energiekräften bewahren kann, die wir dann für wirklich sinnreiche und wertvolle Bemühungen zur Verfügung haben.

Wie oft stehen Sie zum Beispiel vor der Frage, ob Sie dieses oder jenes Buch kaufen oder, wenn es Ihnen geschenkt wurde, auch lesen sollten. Wenn Sie kritisch genug sind, überlegen Sie sich *rechtzeitig den Aufwand an Zeit und geistiger Bemühung und prüfen,* ob er sich dafür auch lohnen würde, sei es für Ihre verstandesmäßig-geistige oder für Ihre innere Fortentwicklung als Persönlichkeit. Und das gilt nicht nur für ein Buch, sondern genauso

- nur für gewisse Teile oder ein bestimmtes Kapitel eines umfangreichen Buches oder sonstigen Lehr- oder Bildungsmittels,
- für Schallplatten oder Kassetten bildender oder unterhaltender Art, die Ihnen angeboten werden,

- für den Besuch von Lehrgängen, Kursen, Seminaren und Veranstaltungen aller Art, die für Sie interessant oder wertvoll sein können oder auch nicht,
- für Anzeigen von Vorträgen, Filmen oder Ausstellungen, die Ihnen heute reichlich ins Haus flattern,
- für das überreichliche Angebot an Fernsehsendungen in den Programmübersichten,
- natürlich auch für die vielen echten oder vermeintlich gesundheitsfördernden Mittel, die in bald unübersichtlicher Fülle auf dem Markt von sich reden machen,
- und vergessen wir nicht: für Nachrichten, Briefe, Notizen, die von einem anderen Menschen zu Ihnen kommen und von dessen innerer Einstellung geprägt sind und für Sie irgendwelche Folgen haben können, usw.

Was werden da bei den vielen Werbungen und Anpreisungen *für schöne, lockende Worte gemacht*, die die totale Lösung von allen nur denkbaren Problemen versprechen, wenn man nur ein bestimmtes Lehrmittel, eine Ware, ein Gerät, einen Apparat irgendwelcher Art zu kaufen bereit sei! Und was stecken doch hinter diesen schönen Worten oft für negative Momente der Geschäftemacherei, der bloßen Befriedigung des eigenen Gewinnstrebens und Profits. Wie häufig werden unnötig teure Geräte oder sonstige Anschaffungen als notwendig bezeichnet, wo eine ganz preiswerte, einfache Ausführung zuweilen so gut wie kostenlos selbst herzustellen ist und für ein einwandfreies Ergebnis voll und ganz genügt. Natürlich ist das nicht immer so, aber wer kann heute noch das alles überblicken und sich ein klares Urteil bilden? Ein Musterbeispiel ist in dieser Zeit das fast schon abstoßende Angebot der esoterischen Geschäftemacher mit ihrer marktschreierischen Werbung, die sich von der Sache her eigentlich von selbst verbietet, bei der man an die biblischen Worte der »falschen Propheten« erinnert wird, und: »An ihren Früchten sollt Ihr sie erkennen«.

In allen diesen Fällen ist das Problem immer das gleiche, bevor man sich entscheidet: *Welchen Wert hat das für mich?* Was bedeutet es für mich? Nur wer sich dieser kritischen

Frage sachlich treffend stellt, kann damit rechnen, daß er seine wertvolle Zeit nicht mit dem Studium von nur zweit- oder gar drittklassigen Lehrmitteln, mit oberflächlicher Lektüre oder mit seichter Berieselung vergeudet, um hinterher einigen Groll gegen sich selbst oder schalen Geschmack auf der Zunge ertragen zu müssen.

Der Energiesensor befreit Sie aus dieser nicht geringen Schwierigkeit. Sie müssen nur in vollem Umfang die Voraussetzungen dafür verstanden haben, daß er Ihnen die treffende Antwort auch in diesem besonderen Fall gibt, wo Sie den zu prüfenden Gegenstand, z. B. ein Buch, oft gar nicht zur Verfügung haben. Es liegt Ihnen nur ein gedruckter Hinweis, eine Werbeanzeige, vielleicht ein handgeschriebener Notizzettel und sonst nichts vor. Warum arbeitet der Energiesensor auch in diesem Fall mit der gewohnten Zuverlässigkeit, wenn Sie ihn nur richtig gebrauchen? Auf die Gefahr einer lästigen Wiederholung hin muß ich die Antwort auch jetzt wieder auf dem einfachen Lehrsatz aufbauen: Alles ist schwingende, fließende Energie. Vom Stofflichen, vom Materiellen her gesehen ist alles, was auf Papier gedruckt ist, nur Papier und getrocknete Druckerschwärze, und sind auch fotografische Wiedergaben von Menschen oder Tieren auf dem Fotopapier nichts anderes, als durch den chemischen Entwickler sichtbar gemachte Farbpartikel.

Aber – und all das zu verstehen und voll zu akzeptieren, fällt dem Nur-Verstandes-Menschen anfangs sehr schwer – ein gedrucktes Wort, das wir mit unseren Augen sehen, *trägt seinen geistigen Gehalt in sich,* und eine vor unseren Augen befindliche Fotografie bringt das, was sie darstellt, auf der Stelle für den Beschauer inhaltlich und als Ganzes lebendig zum Ausdruck. Anders gesagt: Das gedruckte Wort, die wiedergegebene Fotografie sind getragen von den Schwingungen, von den Energieausstrahlungen des Wiedergegebenen, die unser innerstes Wesen ganz unbewußt sofort aufnimmt und auf die es dann selbstverständlich auch zu reagieren bereit ist, wenn eine solche Reaktion nur gefordert wird. Der Energiesensor fordert sie – und so zeigt er sie in

Gestalt seiner Antwort an. Das ist das ganze Geheimnis hinter der Tatsache, daß sich die Ausstrahlung oder Aura eines Menschen auf alles überträgt, womit dieser Mensch in enge Berührung kommt; ebenso auch auf seine persönliche Handschrift, die er ja mit den ganz individuell-spezifischen Muskelbewegungen seiner Hand erzeugt: bei 5 Milliarden Menschen 5 milliardenmal verschieden! So geht für den Betrachter auch der Wesensgehalt eines Menschen bei genauem Betrachten absolut unverwechselbar in seine Fotografie ein. Daher ist im Islam und bei nicht wenigen Naturvölkern die bildliche Wiedergabe von Menschen und erst recht von Gott absolut verpönt. Dort weiß man noch intuitiv, daß man damit ein Stück der eigenen oder gar von Gottes Wesenheit der Betrachtung, der Begaffung und damit der willkürlichen Reaktion fremder Leute in oft unerträglicher Weise preisgibt.

Wie handhaben Sie nun den Energiesensor, damit er Ihnen den persönlichen Wert eines der vor kurzem aufgeführten geistigen Objekte bzw. Zusammenhänge aufzeigt? Wir unterscheiden dabei zweckmäßigerweise von der ganz praktischen Seite her zwei verschiedene Fälle:

a) Im ersten Fall geht es um *geistige Objekte größeren räumlichen Umfangs in ihrem Originalzustand.* Musterbeispiele sind ein Buch, sei es ein Roman oder irgendein Werk für geistige Weiterbildung, oder eine Kassette, gleichgültig ob sie uns irgendwelche Information, einen Bildungsgegenstand oder Musik welcher Art auch immer bietet. Hier haben Sie für Ihre Überprüfung drei Möglichkeiten:

1. Sie halten den Sensorkopf etwa 10−15 cm direkt darüber (siehe Seite 35), im Zweifelsfall lieber etwas weniger hoch, um auszuschließen, daß sich allenfalls von der Seite her störende oder verfälschende Fremdschwingungen einmischen könnten. Je weniger groß das Prüfobjekt ist, desto weniger empfiehlt sich dieses Verfahren. Sie wissen längst, daß hier Auf und Ab des Sensorkopfes, also Angezogenwerden, Zustimmung bedeutet und seitliches Hin und Her Abstoßung und Ablehnung.

2. Sie halten das Objekt mit seiner breiten Oberfläche gut 15 cm entweder vor Ihren Kopf in Augen- und Stirnhöhe (siehe Seite 36) oder vor Ihr Herz, je nachdem was Sie von seinem Inhalt mehr betroffen glauben. Es geht dabei weniger um seine Resonanz im körperlichen Gehirn oder Herz als im Stirn- oder im (spirituellen) Herzchakra, die getragen sind von der ganz besonderen tiefinneren Einstellung des Denkens und der Empfindungen mit ihren jeweils speziellen Ausstrahlungen. Dabei halten Sie den Energiesensor genau senkrecht vor Ihr Gesicht, und zwar derart, daß sich sein Kopf in Höhe der unteren Stirn, in der Mitte zwischen dieser und dem Objekt befindet, bzw.

von der Seite her wie bei der Prüfung eines Nahrungsmittels mit seinem Kopf in der Mitte zwischen Herzgegend und Objekt (siehe Seite 35). In jedem dieser beiden Fälle sind Ihre Augen wie üblich auf den Sensorkopf gerichtet. Sie wissen, daß in beiden Fällen das Hin und Her des Sensorkopfes von einem Schwingungsfeld zum anderen deren Anziehung zueinander hin, also Bedürfnis und Zustimmung bedeutet, seine querlaufenden Schwingungen, sozusagen den Rändern der beiden Schwingungsfelder entlang (die sich nicht miteinander vermischen wollen), jedoch deren wechselweise Abstoßung und Ablehnung.

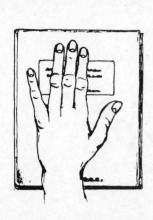 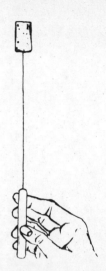

3. Sie legen Ihre ganze (zumeist linke), locker gehaltene Hand mit den ausgestreckten Fingern auf das Prüfobjekt (siehe Seite 37), z. B. das Buch, bzw. Sie nehmen es, etwa eine Kassette, so in die ganze Hand, daß diese es locker von beiden Seiten her umschließt. Im letzteren Fall sind das Handchakra mit seinem nervenreichen Gewebe des Handtellers auf seiner einen und die nervenreichen Gewebe der Fingerspitzen auf seiner anderen Seite. Die andere (zumeist rechte) Hand hält den Energiesensor wie gewöhnlich und wartet seine Reaktion ab, deren Bedeutung selbstredend der der Ziffer 1 entspricht.

Arbeiten Sie für eine andere Person, dann lassen Sie diese das Objekt genauso anfassen, wie soeben für Sie selbst beschrieben. Den Sensorkopf halten Sie über deren Hand. Alles andere bleibt sinngemäß unverändert.

Wenn Sie mehrere dieser Prüfarten anwenden, werden Sie immer das gleiche Ergebnis bekommen. Das ist übrigens auch eine sehr gute Übung für die rasche Einarbeitung und volle Beherrschung des Energiesensors. – Außerdem versteht es sich von selbst, daß *der Grad der Stärke des Sensor-*

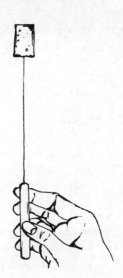

kopfausschlags den Grad der Zustimmung bzw. Ablehnung wiedergibt.

Manchmal wollen Sie z. B. ein Buch *nicht als Ganzes überprüfen*, sondern nur ermitteln, welche Kapitel für Sie von Bedeutung sind, so daß Sie die anderen überschlagen können. Dann prüfen Sie das Inhaltsverzeichnis Kapitel für Kapitel durch, wie anschließend beschrieben wird.

b) Im zweiten Fall geht es um *räumlich kleine oder auch um größere, dabei jedoch ganz flache Objekte geistiger Art, entweder im Original oder als Hinweis darauf*, z. B. ein kleiner Edel- oder Halbedel- oder sonstiger Stein, ein Werbeprospekt, eine Zeitungs- oder Zeitschriftenanzeige, einige auf einen besonderen Gegenstand hinweisende Zeilen in einem Katalog, ein Brief, einige rasch auf einen Notizzettel hingeschriebene Worte ähnlichen Inhalts oder das soeben erwähnte kapitelweise aufgeführte Inhaltsverzeichnis eines Buches. Hier stehen Ihnen, je nachdem was aus ganz praktischen Gründen im vorliegenden Fall günstiger ist, folgende Möglichkeiten zur Verfügung:

1. Bei dafür ausreichender Größe, z. B. bei einer Veranstaltung, die in der Zeitung ganz- oder halbseitig angezeigt ist, verfahren Sie wie im Fall von größeren Originalobjekten unter Ziffer 1 und 3 beschrieben. Sie halten also den Sensorkopf darüber oder legen die locker ausgestreckte Hand darauf.

2. Wenn die Größe des Prüfobjekts dafür nicht ausreicht, legen Sie nur das ganze Handchakra auf, wobei Sie die Fingerspitzen ohne Verspannung nach innen krümmen, um nicht Fremdschwingungen aufzunehmen, die jetzt unerwünscht sind. Diese Haltung empfiehlt sich verhältnismäßig selten, weil die Form der meisten Objekte sie nicht zuläßt.

3. Keinerlei Schwierigkeit dieser Art macht es jedoch, wenn Sie in derartigen Fällen nur die vier langen Finger auf das Prüfobjekt auflegen, oder bei zuwenig Platz die drei langen Finger mit dem längsten, dem Mittelfinger, in der Mitte. Wenn es nötig ist, genügen auch nur zwei der langen Finger, also Mittel- und Zeigefinger oder Mittel- und Ringfinger. In jedem dieser Fälle kommt es darauf an, daß Sie mit den nervenreichen Unterseiten der beteiligten Fingerspitzen zugleich guten und dabei doch lockeren Kontakt zum Prüfgegenstand haben. Sie dürfen die Finger also nicht über Gebühr aufdrücken. Alle anderen dafür nicht benützten Finger sind natürlich zur Mittelhand hin locker eingezogen.

4. Schließlich genügt es völlig, wenn Sie bei einem ganz kleinen Objekt, etwa einer Perle oder der Kleinstanzeige einer Zeitung, nur die Unterseite des obersten Glieds des Mittel- oder eines anderen langen Fingers in der eben beschriebenen Weise als Aufnahmeorgan benützen, wie es die Abb. auf Seite 38 zeigt. Alle anderen Finger sind locker eingezogen, wie soeben betont. Nicht nur in diesem, sondern in vielen anderen Fällen ist das sozusagen die Kleinstantenne für das Erkennen von Schwingungen, die lokal exakt zu begrenzen sind. Nach einiger Übung werden auch Sie kaum Schwierigkeiten haben, auf diese

Art treffende Ergebnisse zu erzielen. – In dem kürzlich erwähnten Fall, daß Sie eines oder mehrere für Sie interessante Kapitel aus einem Buch aussondern wollen, können Sie das Buch seitlich verdreht vor sich hinlegen und in seinem Inhaltsverzeichnis die Spitze z. B. Ihres Mittelfingers immer auf das wichtigste Stichwort eines Kapitels locker auflegen, um die Antwort des Sensorkopfes abzuwarten. Sie können das Buch in dieser seitlichen Position auch an den äußersten Rand des Tisches legen und jetzt die ganze Länge des Fingers auf die jeweilige Zeile auflegen, um von einem einzigen Wort unabhängig zu werden. Dann vergessen Sie nicht, die anderen Finger locker zum Handteller hin zu schließen, wie das in solchem Fall immer nötig ist. – Bei der Arbeit für eine andere Person gehen Sie sinngemäß genauso vor wie am Ende von a) 3 beschrieben.

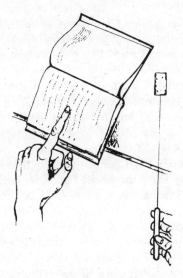

Zu 1.–4.: Es versteht sich mittlerweile von allein, daß Sie in allen diesen Fällen den Energiesensor in der anderen Hand halten und seine Antwort abwarten, in Gestalt von

Auf und Ab (ja) oder von Hin und Her (nein) oder einem gelegentlichen Stillstand (neutral: weder − noch).

c) *Hier noch ein wesentlicher Hinweis zur praktischen Handhabung bzw. Auswertung der Sensorkopf-Schwingungen.* Ich habe bereits wiederholt davon gesprochen, daß Sie die Stärke seiner Ausschläge beobachten sollten, um über starke oder schwache Zustimmung oder Ablehnung Klarheit zu bekommen. Bisher mag das völlig genügt haben. Bei den eben behandelten Zusammenhängen wird Ihnen auch schon der Gedanke gekommen sein, ob sich dabei nicht feinere Unterschiede präziser festlegen ließen. Denn das ist in der Praxis zuweilen doch recht bedeutungsvoll. Diese Präzisierung können Sie in der Tat leicht vornehmen, und hier ist wohl der richtige Platz, das kurz darzustellen.

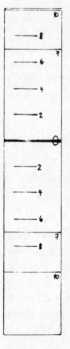

Machen Sie sich *eine ganz einfache Skala* von insgesamt 25 cm Höhe, wozu Sie nur einen halbsteifen Karton von 30 cm Höhe und 10 cm Breite benötigen. Dann markieren Sie mit einem Lineal 10 cm von oben auffallend die Mittellinie 0, z. B. mit zwei nebeneinander liegenden kräftigen Tintenstrichen, und bringen dann von da ausgehend alle 2 cm auf der rechten und linken Hälfte je einen kurzen Strich mit den Markierungen 2, 4, 6, 8 an. Bei 7 cm Abstand von der Mittellinie nach oben und nach unten ziehen Sie einen kräftigen Strich ganz durch: das ist die üblicherweise maximale Schwingungsbewegung. 5 cm unterhalb des unten durchgezogenen Striches und damit zugleich 5 cm vom unteren Rand des Kartons entfernt knicken Sie diesen über eine scharfe Tischkante nach unten, und knicken ihn dann der Länge nach in der Mitte so, daß Sie nun zwei schmalere Streifen von je 5 cm Breite mit jeweils fertiger übersichtlicher Skala gewonnen haben. Jetzt brauchen Sie nur noch mit einer

Schere den Knick 5 cm von unten her sauber aufzuschneiden, die eine Längshälfte des Kartons 90° nach hinten zu biegen, die beiden unteren 5 cm großen Stücke nach oben hin zu klappen, mit gutem Leim oder einigen Heftklammern aneinanderzubinden und darauf ein entsprechend großes Stückchen Holz oder ein anderes nicht zu schweres Gewicht zu kleben. Schon haben Sie eine saubere, für jede Stelle geeignete und ausreichend standfeste Skala, die leicht abzulesen ist.

Sie bemerken jetzt, daß die Mittellinie dieser Skala (die zwei kräftigen Striche) genau 15 cm oberhalb der Bodenfläche ist: *genau der im allgemeinen richtige Abstand.* Diese Skala stellen Sie nun jeweils genau hinter das zu prüfende Objekt und halten den anfangs noch ganz ruhig stehenden Sensorkopf genau in die Höhe der Mittellinie. So können Sie dann nach kurzer Übung und Gewöhnung die Weite seiner Schwingungsausschläge an der Skala ablesen und damit recht präzise erfassen. Bei horizontalem Hin- und Herschwingen legen Sie die Skala ganz einfach quer. Es versteht sich, daß Sie je nach Ihrer Körpergröße diesen Ihren »Arbeitsplatz« in der richtigen Höhe einrichten, z. B. auf einem hohen Tisch, einer noch höheren Kommode, oder auf einem sauberen, umgekehrt auf den Tisch gelegten Karton, auf einem auf den Tisch gestellten Fußbänkchen oder dergleichen. Nach einiger Zeit werden sich Ihre Augen für das Erkennen der Schwingungsweite so geschärft haben, daß sie diese sehr viel sicherer erfassen, auch da, wo Sie diese Skala nicht benutzen können oder wollen.

Wenn Sie nun bei Ihrer oben beschriebenen Aussonderungs- oder Ermittlungsarbeit *aus mehreren Möglichkeiten die für Sie beste auswählen wollen,* dann brauchen Sie nur bei jedem Prüfobjekt mit Hilfe dieser einfachen Skala die Weite der Schwingungsausschläge so genau wie möglich zu messen. Der Vergleich der Ergebnisse gibt Ihnen dann die gesuchte bestmögliche Lösung. Achten Sie bei dieser Arbeit nur darauf, daß Sie die Schwingungen nicht zu früh ablesen, sondern erst dann, wenn sich der Sensorkopf voll auf seinen jeweils weitesten Ausschlag eingeschwungen hat. Das können Sie leicht daran erkennen, daß seine Schwingungsweite mindestens 5, besser 10 Schwingungen lang unverändert bleibt. Vorher können Sie den Wert nicht als verbindlich nehmen.

Beachten Sie bei Ihrer Arbeit bitte stets:

● Wenn Sie den Wert eines Buches oder eines anderen geistigen Erzeugnisses für sich ermitteln wollen, dann *verwechseln Sie bitte nicht den Wert des geistigen Produkts mit dem des Verfassers oder Herstellers!* Das ist ein beachtenswerter Unterschied. Denn ein sonst mangelhaft erscheinender Mensch kann sehr wohl ein ausgezeichnetes spezielles Werk schaffen, und der beste Mensch kann zuweilen Minderwertiges produzieren.

● Es geht bei allen diesen Prüfungen immer nur um die besonderen Beziehungen von Ihnen selbst bzw. von dem, für den Sie die Prüfung vornehmen, zu dem jeweiligen Prüfobjekt. Sie bekommen also nicht ein absolutes, allgemeingültiges, in allen Fällen richtiges Urteil, sondern immer nur *das relative, auf den Prüfling bezogene* und nur für ihn zutreffende. Auch das ist ein sehr zu beachtender Unterschied.

● Eine Warnung: *Jedes Objekt, das in fremde Hände gerät,* vielleicht gar in viele, kann deren Schwingungen aufnehmen. Diese Fremdschwingungen können die nicht sehr starken Eigenschwingungen, z. B. eines Briefes, sozusagen überschwemmen oder übertönen. Daher empfehlen sich bei derartigen Prüfobjekten Kritik und Vorsicht, wenn Sie ein vielleicht falsches Ergebnis vermeiden wollen. Beschaffen Sie sich in einem solchen Fall möglichst mehrere Prüfgegenstände, die diesbezüglich weniger gefährdet sind.

● Nochmals: »Alles fließt« (Heraklit). *Alles ist in ständiger Bewegung und Weiterentwicklung.* Uns durchschnittlichen Menschen fehlt nur das Organ, die feinen, uns verborgenen Stufen dieses unaufhörlichen Wandels zu erkennen. Daher die Warnung: Bei jedem länger laufenden Prozeß die Prüfung immer wieder einmal erneuern! Denn was heute richtig ist, muß morgen, erst recht in einer Woche oder gar einem Monat nicht auch noch richtig sein.

Persönliches Verhältnis zu anderen Menschen

Ein Gebiet, das von Radiästheten bisher im allgemeinen reichlich vernachlässigt wurde, sind die persönlichen Beziehungen von Mensch zu Mensch. *Die Unbezweifelbarkeit der Aura* ist Ihnen in diesem Buch schon mehrfach begegnet, also des Schwingungs- oder Strahlungsfeldes, das sich um jeden lebenden Menschen herum befindet und sich ständig, je nach dem augenblicklichen Zustand und den Vorgängen in seinem Gefühl, Verstand und Willen verändert. Wenn nun zwei solcher Felder von Energieschwingungen miteinander in Berührung kommen, dann ist es unausbleiblich, daß im Prinzip die gleichen Reaktionen eintreten, wie wir sie schon im Hinblick auf Nahrungsmittel, Medikamente und geistige Zusammenhänge kennengelernt haben. Denn alles ist − was immer es sonst sei − auch schwingende Energie.

Es geht dabei immer um die Frage, wieweit zwei verschiedene Personen *in ihren ganz natürlichen individuellen Verschiedenheiten vielfältiger Art miteinander übereinstimmen oder auch nicht.* So liegt es auf der Hand, daß diese Frage von der größten Bedeutung für Menschen ist, die miteinander auskommen sollen oder gar müssen, wie zum Beispiel in der Ehe oder bei zwei eng miteinander verbundenen Geschäftspartnern, oder die es klugerweise erst gar nicht versuchen, in dem Fall, daß ihre Verschiedenheiten ein erträgliches Maß übersteigen. Denn dann wäre jeder praktische Versuch von vornherein mit höchster Wahrscheinlichkeit zum Scheitern verurteilt.

Es geht hier also − wenn wir das Wort in seinem nicht zu engen Begriff nehmen − um *die »Verträglichkeit«* von zwei Menschen oder in einem weiteren Sinn gesehen auch um die

Verträglichkeit eines Menschen mit einer größeren menschlichen Gemeinschaft, die sich durch eine gewisse gemeinsame Empfindungs- und Denkweise und vor allem durch gewisse gemeinsame Interessen auszeichnet. Dafür gibt es unzählige Beispiele: auf politischem, religiösem, wirtschaftlichem, kulturellem Gebiet, so vielfältig auf dem Feld der Interessen, wie es besondere Interessensrichtungen oder Antriebskräfte zu einem bestimmten Denken und Handeln überhaupt gibt. Denken Sie nur an die zahllosen Vereinigungen, die offiziellen Vereine und inoffiziellen menschlichen Verbindungen auf dem Gebiet der Hobbys im weitesten Sinn! Die angeschnittene Frage ist also für jeden denkenden Menschen von großer praktischer Bedeutung, die dadurch gewiß nicht vermindert wird, daß man sie in ihrer eigentlich herausragenden Wichtigkeit oftmals nicht erkennt.

An dieser Stelle wäre es unerläßlich, auf *die Voraussetzungen für diese Verträglichkeit oder Übereinstimmung* zu sprechen zu kommen. Das ist indessen bei der besonderen Zielsetzung dieses Buches schon seines notwendigen Umfangs wegen gar nicht möglich. Es ist auch gar nicht erforderlich, weil ich an anderer Stelle die verschiedenartigen Gesichtspunkte schon behandelt habe, die dabei von Bedeutung sind. Das gilt sowohl für die verschiedenen seelischen Voraussetzungen für die Übereinstimmung in der Ehe oder in jeglicher enger Partnerschaft[8], als auch für eine tiefergehende psychologische Betrachtung aller seelischen Gegebenheiten, die sich dafür im Leben immer wieder von neuem als wesentlich erweisen.[9] Jedoch kann diese ganze Problematik hier nicht völlig übergangen werden. Um der notwendigen Klarheit willen möchte ich sie wenigstens anreißen und einen ganz knappen Überblick über die wesentlichen Voraussetzungen für das gedeihliche Zusammenleben von zwei Menschen *in der Ehe bzw. in enger Partnerschaft* geben, die dann je nach der jeweiligen Lebenssituation sinngemäß zu verstehen sind:

● Das allgemeine Kultur- und Geistesniveau muß das Leben in etwa der gleichen Welt möglich machen.

- Die Intelligenz soll etwa gleich gut ausgebildet sein.
- Die Temperamentsartung soll sich ungefähr ergänzen, z. B. soll sich ein lebhafter, leicht erregbarer Mensch mit einem eher ruhig-gleichmütigen verbinden.
- Auch die Artung des Willens soll sich etwa ergänzen, daher soll sich ein mehr aktiver Wille mit einem mehr ruhig-beständigen zusammenfinden.
- Auf beiden Seiten ist ein Mindestmaß an seelischer Hingabefähigkeit nötig, also darf bei beiden Teilen kein allzu ausgeprägtes Selbstbehauptungsbedürfnis mit entsprechender Egozentrik vorherrschen.
- In der Interessenlage und speziell im sexuell-intimen Bereich soll einigermaßen guter Ausgleich gegeben sein (»Primat der Interessen«).
- Jedoch bleibt der unberechenbare Faktor der Liebe bzw. der wechselseitigen Sympathie, die sich bei fehlender Toleranz und Großzügigkeit rasch verbrauchen und auflösen können.

In diesen Punkten sind entweder ganz allgemein oder in dem einen oder anderen die folgenden Voraussetzungen jeder Persönlichkeit enthalten, die *bei mehr in die Tiefe gehender psychologischer Betrachtung* deutlich werden:

- Die weitgehend vergessene und dabei *fundamental wichtige Lebenskraft,* von der wir in diesem Leben alle zehren: Ohne deren ausreichendes Maß sind wir hochgradig hilflos und nur mit ihrer ausgeprägten Stärke sind wir hochleistungsfähig und den bösen Widrigkeiten dieser Welt mehr oder minder gewachsen.[10]
- *Die seelisch-geistige Entwicklungsstufe* eines jeden Menschen, die von ungeistiger, grob materieller Einstellung bis zu hochgradiger Verinnerlichung der vollen Geistigkeit reicht.
- *Die Entwicklung der einzelnen Energiezentren* oder Chakren, die den Kern einer Persönlichkeit in körperlicher und seelisch-geistiger Hinsicht widerspiegeln. Für jeden geistig Strebenden ein geradezu faszinierendes Kapitel von größter Bedeutung.[11]

- Wenigstens zu einem Teil *die Männlichkeit und Weiblichkeit des Charakters,* wenn wir davon ausgehen, daß jedes Geschlecht etwa 25 % der sogenannten typischen Eigenschaften des anderen Geschlechts in sich trägt; das als Durchschnittswert, der im konkreten Einzelfall natürlich ganz anders sein kann (»Mannweib«, »weibischer Mann«!).

Wie schon gesagt, muß ich mich hier mit diesen knappen Stichworten begnügen. Der hinreichend Interessierte mag sich an den angegebenen Stellen genauer informieren, wo ihm gar manche für sein alltägliches Leben wichtige Erkenntnis zuwachsen wird. Das betrifft sowohl sein sogenanntes »Glück« und seinen Lebenserfolg als auch seine ganz persönliche geistig-spirituelle Entwicklung.

Mögen die aufgeführten Einzelheiten im allgemeinen auch leichter und noch genauer mit dem altbekannten radiästhetischen Werkzeug des Pendels erfaßt werden können, so ist der Energiesensor *in der Einfachheit seiner Anwendung auf diesem Gebiet* nicht zu übertreffen. Das vor allem dann, wenn Ihnen an einem relativ rasch gewonnenen und einem umfassenden klaren Gesamtergebnis gelegen ist. Es ergibt sich ja zwingend ganz unmittelbar aus den ansonsten individuell noch so verschiedenartigen Gesamtschwingungen der einzelnen Persönlichkeit. Denn in seiner Aura ist der ganze Mensch restlos widergespiegelt oder treffender gesagt: Hier ist sein eigentlicher Kern.

An dieser Stelle muß ich jedoch *eine klare Warnung* aussprechen: Der Energiesensor kann immer nur aufzeigen, wie sich die Ausstrahlungen von zwei Menschen *insgesamt* zueinander verhalten. In der engen Zweierbeziehung gewinnen jedoch oft ganz *besondere* Wesenszüge eine psychologisch vorherrschende Bedeutung. Sie können dann vor allem im Trott des vielleicht zermürbenden Alltags die noch so gute Gesamtwirkung Stück um Stück aufbrechen und am Ende zunichte machen. Sie brauchen nur an zunächst kleine und unwesentlich erscheinende Eigenheiten zu denken, die dem einen Teil gar nicht gefallen und die der andere nicht aufgeben will! Diese Gefahr ist bei jedem summarischen Vergleich immer gegeben, weshalb ich hier deutlich darauf hinweisen muß.

Nun zur *praktischen Arbeit mit dem Energiesensor* zum Erfassen des persönlichen Verhältnisses von zwei Menschen. Sie haben dabei drei Möglichkeiten zur Verfügung:

1. *Die unmittelbare Gegenüberstellung der beiden Personen* ist die nächstliegende: Diese stellen sich, die Gesichter einander zugekehrt, in einem Abstand von etwa 1 m voneinander auf. Hier berühren sich die wechselseitigen Energiefelder schon oder noch recht stark. Sie halten etwa in die Mitte, also rund 50 cm von jedem der beiden entfernt, Ihren Energiesensor in der bekannten Weise etwa in Höhe des Sonnengeflechts (Solarplexuszentrum) und warten auf seine Reaktion: Hin- und Herschwingen von einem zum anderen bedeutet selbstverständlich gegenseitige Anziehung, also Sympathie, je nach der Weite des Ausschwingens schwächer oder stärker, und senkrechtes Auf- und Abschwingen in gleichbleibender Entfernung zwischen den beiden wechselweise Abstoßung, also Antipathie, auch hier je nach Weite des Ausschwingens schwächer oder stärker. − Aus verständlichen Gründen ist dieses Verfahren vielfach nicht möglich. Dann wenden Sie eines der folgenden an.

2. *Gegenüberstellung des einen Menschen und eines charakteristischen Schwingungsobjekts des zweiten,* z. B. seiner Handschrift oder seiner Fotografie oder irgendeines anderen sehr individuellen Objekts seiner Person: Wie ich im letzten Kapitel schon ausgeführt habe, sind Handschrift und Fotos eines Menschen durch genau die gleiche Charakteristik gekennzeichnet wie dieser selbst und so kaum verwechselbar. Sie können also direkt als Ersatz für seine nicht unmittelbar anwesende Person dienen, ohne daß dadurch das Ergebnis der Überprüfung an Wahrheitsgehalt einbüßen müßte. Voraussetzung ist natürlich ganz besonders das fehlerfreie Vorgehen mit dem Energiesensor und vielleicht auch schon eine gewisse Erfahrung und Sicherheit in der Arbeit damit. Verfahren Sie genauso wie bei der Prüfung von Nahrungsmitteln

oder Medikamenten. So wie dort, bieten sich zwei Prüfungsmöglichkeiten an: Foto, Handschriftprobe oder dergleichen

- *entweder* 15—20 cm vor den Oberkörper (selbstredend das fotografische bzw. handschriftliche Bild in Richtung auf den Menschen zu) und den Energiesensor dazwischenhalten und dessen Reaktion abwarten,

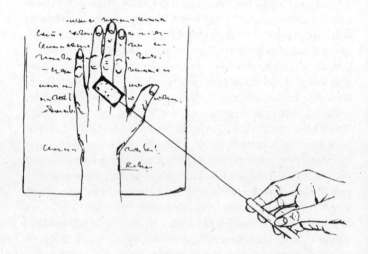

- *oder* auf einen Tisch oder sonstige Unterlage legen, Ihre eigene linke bzw. eine Hand der zu überprüfenden Person mit dem nervenreichen Handteller (Handchakra) sanft auf die Vermischung der beiden Energiefelder oder knapp darüber plazieren, und mit Ihrer rechten Hand den Sensorkopf 10—15 cm direkt darüber halten. Bei Überprüfung eines anderen Menschen können Sie natürlich wie sonst in vergleichbaren Fällen statt des Sensorkopfes auch Ihre linke Hand über die sich vermischenden Energiefelder von Prüfobjekt und Prüfperson halten und den Energiesensor in die rechte Hand nehmen, um seine Reaktion abzuwarten. Natürlich bedeutet dann das senkrechte Auf und Ab des Sensorkopfes Zustimmung und das waagerechte Hin und Her Ablehnung.

So können Sie als der Prüfende die innere Beziehung eines anderen Menschen zu sich selbst oder zu einem Dritten klären. Im letztgenannten Fall sind Sie sozusagen neutral, da Sie im allgemeinen kein unmittelbares Interesse an einem bestimmten Ergebnis haben. Mit diesem Verfahren konnten zum Beispiel schon manche, die sich per Zeitungs- oder Zeitschriftenanzeige ihren Lebenspartner suchten, diesen erfolgreich aus einer großen Zahl von »Angeboten« heraussuchen, d. h. aussondern und dabei ihr Glück finden. Genauso können Sie bei der Vorauswahl von allen möglichen Menschen verfahren, mit denen Sie nur dann enger zu tun haben wollen, wenn Sie von vornherein einer ausreichenden menschlichen Übereinstimmung mit ihnen sicher sein können, z. B. von Hausgehilfen (-innen), Mitarbeitern, Vereinsmitgliedern, Reisebegleitern, Menschen im gesellschaftlichen Umgang und dergleichen.

3. *Mittelbare Gegenüberstellung der beiden Menschen in Gestalt eines charakteristischen Schwingungsobjekts eines jeden,* z. B. seiner Handschrift oder seiner Fotografie oder irgendeines anderen höchstindividuellen Objekts seiner Person, etwa eines oft in die Hand genommenen Taschenkalenderchens des einen und den Brief eines anderen oder eines getragenen Wäsche- oder Kleidungsstücks des einen und eines laufend benutzten Stuhl- oder Kopfkissens des anderen Menschen. In diesem Fall sind Sie als der mit dem Energiesensor Arbeitende immer der nicht unmittelbar Betroffene, der die Beziehung von zwei anderen Menschen austestet. (Einzige Ausnahme: Sie testen jemand anders in seiner Beziehung zu Ihnen selbst und benützen aus einem besonderen Grund statt Ihrer eigenen Person ein für Sie typisches Testobjekt zur Prüfung.) *Das Vorgehen:* Sie stellen die beiden Testobjekte einander wie üblich im Abstand von 15−20 cm oder auch mehr gegenüber. Zu diesem Zweck brauchen Sie sie nur in diesem Abstand auf einen Tisch zu legen oder zu stellen, wenn sie dazu, wie etwa Kleidungsstücke, groß genug sind und keine Stütze brauchen, oder Sie lehnen sie einfach so steil wie möglich an eine Stütze an, etwa die Foto-

grafie an ein Glas oder etwas ähnliches. Das weitere Verfahren ist dann, wie jetzt schon mehrfach beschrieben, völlig klar.

Den Geist einer Versammlung von Menschen und Ihr persönliches Verhältnis dazu können Sie mit dem Energiesensor natürlich genauso ermitteln. Etwa dann, wenn Sie der oft wohlberechtigten Frage nachgehen, ob Ihnen die vorherrschende untergründige Stimmung, »der Geist« dieser Versammlung in Anbetracht Ihrer besonderen Wesensart, Ihrer Bedürfnisse und Interessen eine wirkliche Hilfe sein kann, oder ob sie Sie am Ende nur in eine negative Sphäre herunterzieht. Überall wo viele Menschen sind, bildet sich dieser besondere »Geist« mit seinem massenpsychologischen Charakter, diese Massenausstrahlung, die sich selbstverständlich durch einen hervorragenden Menschenführer oder einen raffinierten Menschenverführer, einen geschickten Demagogen lenken und steuern läßt und daher gegebenenfalls auch relativ raschen Wandlungen unterliegen kann. Dessen ungeachtet herrscht im allgemeinen eine mehr positive oder eine mehr negative Grundstimmung vor. Denken Sie nur an die Massenversammlungen des Tausendjährigen Reichs, sofern Sie diese noch direkt oder durch gute Filmaufnahmen wenigstens mittelbar erlebt haben sollten, aber auch an (Massen-) Versammlungen politischer Art von heute, an Betriebsversammlungen, wo es oft »heiß hergeht«, an kirchliche Gemeindeversammlungen, Bürgerzusammenkünfte, Elternberatungen, an Versammlungen gegen den Bau eines Atomkraftwerks, gegen die Erweiterung eines Flughafens, gegen den § 218 usw. Immer steht dabei der Mensch und seine Beeinflussung im Mittelpunkt, immer bildet sich rasch das Fluidum bestimmter Ausstrahlungen.

Der Energiesensor zeigt Ihnen sofort, welcher Geist in dieser Zusammenkunft vieler Menschen herrscht: ob er aus (richtig oder falsch verstandenem) Idealismus, also aus gutem Willen und aufrechtem Bemühen gespeist ist oder ob ganz andere Motive in ihm stecken, ob das Ganze für Sie gut ist oder nicht. Sie brauchen Ihr Gerät nur so unauffällig, wie es

Ihnen möglich ist, in kurzem Abstand vor Ihrer Brust oder
Ihrem Gesicht senkrecht zu halten. In den meisten Fällen
genügt das schon. Sie können – was oft zweckmäßiger, da
unauffälliger ist – auch die Antenne Ihrer linken Hand einsetzen, indem Sie sie locker geöffnet, je nachdem mehr oder
weniger erhoben oder auch am Arm nach unten hängend, in
den Raum hineinhalten; die rechte hält den Energiesensor in
der Normalhaltung. Ist die Örtlichkeit dafür günstiger, können Sie sich etwa in einer Ecke mit Ihrem Körper und dem
rechts gehaltenen Sensor kurzzeitig zur Seite drehen und
dabei die locker geöffnete Linke zum Ort des Geschehens
hindrehen. Das ist alles nur Übungs- und Erfahrungssache.
Die beiden Antwortmöglichkeiten der Anziehung bzw. des
»Nichts-damit-zu-tun-haben-wollens« sind Ihnen ja nun
längst geläufig.
Mit dieser Veröffentlichung habe ich mir die Aufgabe
gestellt, den so hohen Wert des Energiesensors für die Klärung von wichtigen Beziehungen darzustellen, wie sie in den
einzelnen Kapiteln dieses Buchteils behandelt sind. Sie sollen möglichst viele Leser in die Lage versetzen, dieses
nützliche Gerät einzusetzen, daß sie dadurch gar manchen
Schwierigkeiten und unnötigen Belastungen aus dem Weg
gehen und ihre individuell immer begrenzten Energiekräfte
voll und ganz im positiven Sinn einsetzen können. Es würde
entschieden zu weit führen, wenn ich bei dieser Aufgaben-
stellung auch auf *die vielen Einsatzmöglichkeiten unmittelbar
am einzelnen Menschen* eingehen würde. Denn das allein
setzt den Umfang eines ganzen Buches voraus. Für die dafür
besonders interessierten Leser daher hier nur einige wenige
Hinweise:
● Sie können mit ihm *die Ausdehnung und Stärke der Ausstrahlung eines Menschen, also seiner Aura* und der in ihr
sich darstellenden Lebenskraft messen: Sie brauchen sich
ihm nur aus 2–3 m Entfernung ganz langsam zu nähern
und den Ort zu markieren, da die ersten senkrechten
Schwingungen einsetzen. Wenn Sie sich hinreichend mit
den Chakren beschäftigt haben sollten[11], werden Sie

rasch erkennen, wie sich die Energieverdichtung oder -bündelung an diesen Stellen deutlich macht. Diese Erkenntnis ist schon für viele Menschen ein Anstoß für tiefgreifende und höchst fruchtbare Bemühungen um ihre weitere Entwicklung gewesen.

● Sie können mit dem Energiesensor auch *der Gesundheit eines Menschen nachspüren.* Denn er zeigt die Störung der Aura und damit die Störung des Organs an, die sich an der betreffenden Stelle der Aura kundtut. Von großer Hilfe für die exakte Lokalisierung erweist sich dabei die Verwendung der Spitze des Mittel- oder eines anderen langen Fingers als hochsensible Antenne, wie Sie das schon im letzten Kapitel kennengelernt haben. In vielen Fällen läßt sich bei gewisser periodischer Überprüfung bestimmter Organe deren Erkrankung schon in der Vor-stufe feststellen, bei der die medizinischen Diagnosemög-lichkeiten noch keine Störung erkennen lassen. Wie-derum der einfache Grund: Alles ist schwingende Energie. Der psychisch-energetische Zustand ist das Primäre und nicht der physisch-materielle, eine Tatsache, die uns die Begrenztheit unserer Sinne nur vorenthält. Die Materie ist doch nur eine nachfolgende Erscheinungsform der pri-mär wirkenden Energie, wie die Erkenntnisse der Kern-physik deutlich machen.[12]

Aber: Wie schon gesagt, alle mit diesem Problemkreis ver-bundenen Fragen *sind zu vielgestaltig und zu kompliziert.* Ihre Darstellung an dieser Stelle wäre nicht zu verantworten, um so weniger, als noch vieles im Dunklen liegt. Zu leicht könnte sich ein dann verhängnisvoller Irrtum oder Fehler einstellen, wenn es an der absolut nötigen Grundlage des medizinischen Wissens und der zusätzlichen speziellen Erfahrung des Arztes fehlt. Ganz abgesehen davon, daß die besondere »Sprache« des Energiesensors in diesem Anwen-dungsgebiet ein Problem für sich darstellen könnte, das erst restlos geklärt sein müßte. Daher muß dieser Bereich im vor-liegenden Buch ausgeklammert bleiben, so daß diese knap-pen Hinweise genügen mögen.

Auswirkung der Schwingungen von Orten

Zu Beginn dieses und zugleich des noch folgenden letzten Kapitels muß ich die Leser um Verständnis dafür bitten, daß ich einige Zusammenhänge in diesem Buch nicht im einzelnen behandeln kann, die gerade für die Alltagspraxis recht bedeutungsvoll sind. Der Grund ist einfach: Ich habe sie in meiner letzten Veröffentlichung »Pendeln − Grundlegung, Persönlichkeit, Gesundheit, Lebensalltag, Geopathie« so ausführlich behandelt, daß ich Sie dann an gegebener Stelle am besten darauf verweise. Denn der Pendel, als das seit vielen Jahrhunderten bekannte und genutzte radiästhetische Werkzeug, ist in diesen Punkten dem Energiesensor für den praktischen Einsatz im Alltag insofern überlegen, als er etwas rascher zu Ergebnissen führt. Allerdings fehlt es diesen zunächst an der präzisen Genauigkeit der örtlichen Festlegung, und da hat der Energiesensor wiederum eine seiner Stärken; ist er doch für den einigermaßen Geübten weniger umständlich in seiner Handhabung, da, wo es auf exakte Abgrenzung ankommt. Außerdem wird es sich kaum ein Radiästhet, der mit dem Energiesensor arbeitet, nehmen lassen, auch den altbewährten Pendel mit dessen besonderen Vorzügen zu nutzen.

Eine gute Einführung in die Problematik der Schwingungen von Orten ist der Baumtest, den Sie in dem Kapitel »Praktisches Einarbeiten« schon kennengelernt haben (S. 44). Lesen Sie die dortigen Ausführungen bitte noch einmal durch, und gehen Sie mit dem Energiesensor jetzt umgekehrt nach folgendem Verfahren vor: Messen Sie die Aura des Baumes nicht vom Stamm ausgehend, sondern umgekehrt, indem Sie sich ganz langsam auf ihn zubewegen. Beginnen Sie je nach Stärke und Gesamteindruck des Baumes in 2−1 m Entfernung: Sie stehen in aufrechter und dabei lockerer Haltung ganz ruhig und bewußt mit gutem Fußsohlenkontakt vor dem Baumstamm, die erhobene linke Handantenne wie gewohnt ihm zugekehrt, und in der rechten halten Sie Ihren Energiesensor. Nun gehen Sie ganz langsam, fast mit der Geschwindigkeit eines Faultieres, mit nur einen halben Fuß langen Schrittchen auf ihn zu, Ihre Augen auf den Sensorkopf gerichtet und warten das erste klare Einsetzen seiner Schwingungen ab. Sind Sie sich der ersten Schwingungen sicher, gehen Sie klugerweise nochmals etwas zurück und wiederholen das Spiel noch langsamer, denn durch die naturgemäße Verzögerung des Beginns der ersten Auf- und Abbewegung mag der alleräußerste Punkt der Auraausstrahlung des Baumes noch etwas weiter zurückliegen. So können Sie diesen Punkt ganz exakt herausfinden und festlegen. Damit haben Sie schon das Verfahren erlebt, das Sie sinngemäß überall da anwenden können, wo es sich um einen lokal begrenzten und klar zu fixierenden Ort der Kraft handelt, wie das ja auch bei jedem in der Erde stehenden Baum der Fall ist. Im übrigen werden Sie demnächst noch sehen, wie wichtig es für Sie sein kann, gerade die Stärke der Ausstrahlung eines Baumes zu erkennen. Das ist mit der Grund, weshalb ich Ihnen gerade an dieser Stelle das eben beschriebene Experiment empfehle.

Doch nun zu dem eben ausgesprochenen Stichwort »*Ort der Kraft*«. Es gibt solche von positiver und von negativer Aufladung, weshalb man vielleicht treffender den neutraleren Begriff »Ortsgebundene Energieaufladung« oder »spezifische Ortsaufladung« benutzen sollte. Indessen ist der schlichtere Begriff »Ort der Kraft« inzwischen weitgehend eingeführt, so daß ich auch hier an ihm festhalten möchte. Das sind Plätze, die sich durch ein gesteigertes naturgegebenes Energiepotential auszeichnen. Im Prinzip muß jeder Ort, der ja durch die ihn bildende Materie der Erde, der Bodenbedeckung, gegebenenfalls durch Baumaterial und Pflanzenbewuchs gekennzeichnet ist, seine spezifische Schwingung, seine Aura, seinen besonderen »Geist« haben, wie die Römer sagten: seinen »spiritus loci« (den *»Geist des Ortes«*). Und so ist es in der Tat. Wenn wir heute sagen − auch ich gebrauchte dieses Wort soeben −, daß es sich dabei um ein gesteigertes naturgegebenes Energiepotential handelt, so sind wir wieder einmal bei der berühmten Frage vom Ei und dem Huhn: Was war zuerst da? Etwa die ursprünglichen aus Erde (und Kosmos) kommenden Schwingungen oder die Ausstrahlungen von zumeist vielen Menschen mit ihrem Denken und Tun, speziell an diesem Ort? Oder wirkt sich wahrscheinlich beides zusammen aus? Ich werde gleich auf diese Frage noch zurückkommen müssen.

Nun zur Praxis: *Wenn Sie mit Ihrem Energiesensor gewisse Örtlichkeiten untersuchen,* werden Sie anfangs des öfteren mit Verwunderung feststellen, wie der Sensorkopf plötzlich senkrecht zu schwingen beginnt, ohne daß Sie sich das erklären können. Solche Stellen sind ohne ersichtlichen Grund irgendwo im Gelände, oft auch in Wohnungen und anderen Bauten zu finden. Abgesehen von solchen ganz unauffälligen Plätzen sind es häufig zum Beispiel große, auffallend im Gelände (meist aufrecht) stehende Steine, Erdhügel nach Art alter Hünengräber, die uns bekannten Reste altgermanischer, keltischer, indianischer (in Nord- und Südamerika) Kultstätten oder auch Befestigungsanlagen und in unserem christlichen Kulturkreis ganz besonders die Plätze alter Kirchen und Klöster. In ihnen wiederum sind es vor allem die Altäre und Kanzeln bzw. die Stellen, auf denen der Priester das Wort Gottes verkündete, oft auch Taufsteine, wo sich exakt ein solcher Ort der Kraft befindet. Der Energiesensor verhält sich an solchen Plätzen genauso wie bei der Feststellung der Aura eines Menschen, eines Baumes oder irgendeines anderen Lebewesens. Nicht umsonst habe ich in dem einführenden ersten Teil dieses Buches — als ich auf die Begrenzung der Welt verwies, die uns unsere eingeschränkten fünf Sinne auferlegen — schon darauf hingewiesen, daß auch Steine ihre eigene Schwingung in und um sich und damit ihre eigene Aura haben.

Jetzt bin ich schon mitten in der Schilderung von durchweg *positiven Orten der Kraft,* das heißt von solchen, die eine von uns als positiv, als aufbauend, als wertvoll empfundene Ausstrahlung haben. An vielen der soeben aufgeführten alten Kultstätten in verschiedenen Teilen unserer Welt und in den verschiedenen Religionsbereichen konnte ich das durch die lebhafte Reaktion meines Energiesensors bestätigt finden. In der Nähe Ihres Wohnorts können Sie es selbst jederzeit ohne großen Aufwand nachprüfen, ebenso in jedem anderen Land der Welt, in das Sie eine Urlaubs- oder eine berufliche Reise führen mag. Um hier nur Beispiele aus einem einzigen Land zu bringen: Ich fand das alles bei einer kürzlichen Reise in Spanien bestätigt. Ob es sich um alte christliche Wallfahrtsorte wie den Montserrat mit der berühmten Madonna handelt oder die Basilika in Santiago de Compostela und die vielen alten Pilgerstationen auf dem Weg dorthin, um die westgotische Königshalle bei Oviedo, um die noch auf die Römerzeit zurückgehende Krypta des Doms in Palencia oder die großartige romanische Klosterkirche in Leyre und ihre eigenartige Krypta, um das Kloster Yuste, wo Kaiser Karl V. seine letzten Lebensjahre verbrachte oder auch den dort nahegelegenen deutschen Soldatenfriedhof − um nur einige Beispiele aus diesem einen Land zu nennen. Ich könnte zahllose andere aus fast allen europäischen Ländern anschließen. Genau die gleiche Bestätigung fand ich im Fernen Osten in dem ganz anderen Kulturbereich des Buddhismus oder des Shintoismus in den Tempeln und Klöstern in oder nahe bei der alten japanischen Kaiserstadt Kyoto wie − um auch hier nur einige wenige zu nennen − im Daisen-in, dem Ryoan-ji, dem Kosho-ji Tempel (des berühmten Meisters Dogen) in Uji, dem ältesten Tempel Japans: dem achteckigen Horyuji bei Nara oder genauso in Kamakura oder Tokio, in Taipeh auf Formosa (Taiwan) oder an vielen anderen Plätzen, auch in den hinduistischen Teilen Asiens. Ebenso wie in den moslemischen Moscheen oder den jüdischen Heiligtümern in Jerusalem und anderen Orten.

Immer das gleiche Bild: Genauso wie an unseren deutschen Wallfahrtsorten und alten Domen, an den Externsteinen bei Detmold oder den alten englischen Kultstätten Stonehenge oder Rollright, in den Soldatenfriedhöfen aller Nationen und an vielen anderen Plätzen zeigte der Energiesensor die starken Energiekräfte dieser Stätten durch lebhaftes Auf und Ab des Sensorkopfes an, das *bei ausgeprägt positiven Schwin-*

gungen in eine zuweilen weitausgreifende Rechtsdrehung übergeht. Damit habe ich schon seine Reaktion an diesen positiv aufgeladenen Stellen beschrieben. Die Voraussetzung ist überall auf der Welt die gleiche: Wo im Lauf der Zeit viele, viele Menschen mit großer Innigkeit beteten und beten, wo sie sich in starker innerer Sammlung verbunden wissen mit der Urenergie der allgewaltigen »göttlichen« Kraft, die alles geschaffen hat und am Leben und Wirken hält, wo sich die reinen Motive des Denkens und Tuns fanden. Überall also, wo diese positiven Schwingungen vorherrschen, die von den Seelen der Menschen in die Mauern und Kunstwerke aus Holz und Stein und Metall aller Art einströmten und von da wieder ausstrahlen, zeigt der Energiesensor diese Energien und positiven Kräfte an.

Es war für mich *zum Beispiel ein starkes Erlebnis,* das ich in der weithin bekannten Wallfahrtskirche vom kürzlich erwähnten Montserrat hatte. Schon »unten« in der Kirche zeigte der Energiesensor an verschiedenen Stellen etwa gleich starke kräftige Ausschläge. Als ich mich dann durch einen schmalen Treppengang direkt zur Figur der Madonna begeben hatte, die sich weit über dem Hochaltar befindet, und den Sensor in nur einem guten halben Meter von der Figur entfernt einsetzte, war ich ganz gebannt von der kaum zu bändigenden Stärke und Weite seiner Auf- und Abschwingung und der sofort einsetzenden überstarken Rechtsdrehung, die mich fast um die Stabilität des Geräts fürchten ließ. Ein solches Erlebnis vermittelt einem ganz anschaulich und überzeugend die kaum glaubliche Energieballung an solchen alten heiligen Stätten, wo im Laufe der Jahrhunderte ungezählte Menschen ihre innigen Gebete verrichteten. Und da schwindet jeder Rest von Zweifel an der Kraft der menschlichen Seele und der totalen seelisch-geistigen Sammlung der Gedanken dahin. Es bleibt nur die tiefe Überzeugung von der unermeßlichen Kraft, der allgegenwärtigen schöpferischen, »göttlichen« Urenergie. Sie äußert sich im christlichen Bereich dieser Welt nicht anders als etwa im buddhistischen, wo mir etwa im Chishakuin- oder im Nanzen-ji-Tempel in Kyoto oder im Lungshan Tempel in Taipeh ganz ähnliche Erlebnisse beschieden waren. Wie arm sind doch die Menschen, die an all dem gleichgültig vorübergehen, so wie der Blinde die Schönheit dieser Welt nicht sieht!

Und wie ist es an den durchweg *negativen Orten der Kraft?* Auch hier zeigt das Gerät zuerst ganz besondere Energie durch mehr oder minder starkes Auf- und Abschwingen an, um in den Fällen von eindeutig vorherrschender negativer Aufladung dann in deutliche Linksdrehung überzugehen. Auch hier vermittelt die ausgreifende Weite der Drehschwingung die Intensität des Negativen (und der Ablehnung). Ein Beispiel in Stichworten: Wanderung in der Nähe eines ganz alten Dorfes (urkundlich schon im 12. Jahrhundert erwähnt), dabei Passieren einer alten Hütte am Waldrand. Bei Näherkommen schon recht unerfreuliches, fast bedrohlich-unheimliches Gefühl, das sich unmittelbar davor und erst recht im Inneren sehr verstärkt. Nichts Ungewöhnliches zu bemerken, offensichtlich früher einmal als Wetterschutzhütte gebaut. Später ergab die Erkundung beim geschichtskundigen Lehrer dieses Dorfes: Die betreffende Gemarkung ist auf der Karte 1:25 000 noch heute gekennzeichnet mit »Schindanger«, und genau an der Stelle der heutigen Hütte war früher der Platz, wo die Menschen, verurteilt vom hochnotpeinlichen Gericht, »geschunden«, das heißt gefoltert und dann hingerichtet: häufig geviertelt oder verbrannt wurden. »Der Geist des Ortes«! Und der Energiesensor? Er zeigt ganz starkes Auf- und Abschwingen wechselnd mit intensiver Linksdrehung. In anderen Fällen mag es vielleicht auch nur diese sein.

Im vorigen Kapitel habe ich schon im Zusammenhang mit dem Erfassen der von Menschen ausgehenden Schwingungen ausführlich auf *Versammlungen, besonders interessant sind »Massenversammlungen«,* von Menschen hingewiesen und geschildert, wie Sie hier mit Ihrem Energiesensor die vorherrschende Atmosphäre in ihrer Wirkung erfassen können. Es wäre nicht falsch, wenn Sie es jetzt nochmals lesen würden. Die Antwort des Sensorkopfes ist im negativen Fall genauso wie eben beschrieben. Wenn Sie irgendwelche Lokale, Säle oder Plätze kennen, in oder auf denen sich öfters Kundgebungen oder agitatorische Massenversammlungen von ausgesprochen negativ aufgeheizter Stimmung wiederholen, dann prüfen Sie gelegentlich, welche »Antwort« Ihnen der befragte Energiesensor auch dann gibt, wenn die betreffende Örtlichkeit völlig menschenleer ist. Er wird Ihnen auch dann immer die soeben beschriebene Antwort geben. »Der Geist des Ortes«: Schwingende Energie läßt sich nicht wegwischen und nicht wegzaubern, ob wir sie wahrnehmen oder nicht!

An dieser Stelle möchte ich Ihnen *eine Episode aus dem früheren Deutsch-Südwestafrika* (heute Namibia) berichten, die wir einem englischen Offizier verdanken.[13] Sie spielt in der Zeit des Hottentottenaufstandes kurz nach der Jahrhundertwende in einem weitab liegenden Winkel der Kalahariwüste, der noch in der zweiten Hälfte unseres Jahrhunderts, selbst mit einer gut ausgerüsteten Expedition, nur schwer erreichbar ist: »Bei der Wasserstelle Grootkolk, kurz unterhalb der Nordgrenze, wird vor allem der deutsche Reisende innehalten: Hier ist 1904 eine Kamelreiter-Patrouille der kaiserlichen deutschen Südwest-Schutztruppe in einen Hinterhalt der unerschrockenen Hottentottenkrieger geraten, denen sie den Zugang zur Wasserstelle hätten abschneiden sollen. Bis auf den letzten Mann sind die deutschen Soldaten niedergemacht worden. Noch vor kurzem hat man die Reste ihrer Dromedarsättel im trockenen Sand, so wird berichtet, verrotten sehen. Ihre Geister aber kommen nicht zur Ruhe. So jedenfalls hat es sich der deutsche Zoologe und Schriftsteller Lutz Heck von einem britischen Offizier berichten lassen, als er 1953 den Nossob befuhr: ›Diese Männer finden keine Ruhe, nachts stehen ihre Geister auf, und dann stellen sie Posten auf, die rufen: Wer da? Jeder, der bis dahin kommt, hört die Rufe, sogar die Eingeborenen.‹ ›Und ich‹, setzte der Kommissar hinzu und senkte geheimnisvoll die Stimme, ›Sie mögen es glauben oder nicht, ich habe sie auch gehört.‹«

Da haben wir wieder den »spiritus loci« der alten Römer. Wer sich *mit Tod und Sterben* und den vielen Zeugnissen vergleichbarer Art hinreichend auseinandergesetzt hat, der weiß, wie schwer sich die Seele gerade bei einem ganz plötzlichen, total überraschenden Tod vom Körper und von der Materie dieser Welt nur lösen kann. Wer vielleicht im eigenen Erleben ähnliches erfahren durfte, der hört damit auf, einen derartigen Bericht als bloße Spintisiererei abzutun. Die wiederum so einfache Begründung: Alles ist schwingende, fließende Energie, die sich nicht in Nichts auflösen kann! Warum sollten sich bestimmte Gedankenschwingungen von höchster, in äußerster Todesnot geprägter Intensität nicht am Ort des jähen Geschehens festsetzen können, so, daß sie akustisch wahrgenommen werden?

Nun zu der Frage, die sich Ihnen vermutlich seit einiger Zeit aufgedrängt hat: Gibt es *solche Orte der Kraft* nur an den beschriebenen besonderen Stellen oder *auch in der alltäglichen Lebensumgebung?* Um das gleich ganz klar zu sagen: Im allgemeinen läßt sich diese Frage eindeutig bejahen. Die Schwierigkeit liegt nur darin, einen solchen Ort auf die einfachste Art zu finden. Hier ist der Punkt, an dem ich auf die Ankündigung im ersten Absatz dieses Kapitels zurückkommen muß. Dort habe ich auf die Überlegenheit des Pendels für gewisse Fälle verwiesen. Zum raschen Auffinden eines Ortes der Kraft gibt es in der Tat kaum einen einfacheren und schnelleren Weg als die Suche mit dem Pendel auf dem Grundriß oder einer einigermaßen zutreffenden Skizze der betroffenen Örtlichkeit: des Hauses oder der Wohnung durch das Kreuzen von Suchlinien. In meinem Pendelbuch habe ich das Verfahren genau beschrieben.[14]

Mit dem Energiesensor können Sie dann die gesuchte Stelle *präzise überprüfen:* Der Sensorkopf beginnt über einem solchen Ort der Kraft lebhaft senkrecht auf- und abzuschwingen, wie er das über allen Ausstrahlungen von Lebensenergie tut. Es kann vor allem bei starken Orten der positiven Kraft auch rasch eine kräftige Rechtsdrehung einsetzen oder ein sich immer wiederholender Wechsel zwischen diesen beiden Bewegungen, in manchen Fällen auch der ständige Wechsel von Stillstand und Auf- und Abschwingung oder Rechtsdrehung.

Sehr sensible Menschen spüren einen solchen Ort der Kraft auch ohne jedes Hilfsgerät, wobei ihnen der Energiesensor dann nur die einwandfreie Bestätigung geben kann. Gibt es doch Personen, die sich in der eigenen Wohnung oder bei guten Freunden vorzugsweise auf eine ganz bestimmte Stelle begeben, wo sie sich — wie man so sagt — besonders wohl und nach einiger Zeit wieder gekräftigt fühlen, wenn sie zuvor reichlich abgeschlagen waren. Umgekehrt wird ein bestimmter Platz möglichst gemieden. Wenn Ihnen solche Fälle begegnen, dann prüfen Sie diese Stelle nach: Zumeist werden Sie hier einen negativ aufgeladenen Punkt bestätigt bekommen (Linksdrehung).

Eben gebrauchte ich das Wort »Punkt«. Verstehen Sie das bitte nicht wörtlich. *Die jeweilige Größe eines Ortes der Kraft* können Sie mit dem Energiesensor sehr einfach ermitteln, indem Sie Ihre Antennenhand wie üblich locker geöffnet in beliebiger Höhe zum Boden hin halten und so durch wiederholtes punktförmiges Ansetzen die äußerste Grenze dieses energiegeladenen Ortes feststellen. Dann haben Sie schon den Mittelpunkt vor sich. Zumeist wird dieser Ort kreisförmig sein, was aber nicht immer so sein muß. Wollen Sie den Rand der Ausstrahlungen an diesem Platz ganz genau fixieren, dann legen Sie den Mittel- oder Zeigefinger der Antennenhand mit seiner nervenreichen Spitze an den kritischen Stellen mehrfach locker auf den Boden: Mit dem Überschreiten des äußersten Randes der Ausstrahlung bleibt der Sensorkopf unbewegt stehen. Die meisten Orte der Kraft dieser Art, die mir bisher begegneten, bildeten einen Kreis oder annähernd einen solchen mit einem Durchmesser zwischen etwa 80 und 170 cm, oft 100—120 cm.

Wenn Sie in Ihrer Wohnung, in Ihrem Garten oder irgendeinem Ihnen zur Verfügung stehenden Gelände an einem solchen Ort der positiven Kraft eine Blume oder Pflanze aufstellen oder pflanzen, dann werden Sie über deren *prächtiges*

Wachsen und Gedeihen überrascht sein. Ebenso wie im gegenteiligen Fall: kümmerliches Wachstum und langsames Dahinsiechen, wenn Sie als Standort einen negativ aufgeladenen Ort der Kraft wählen. Auch jeder Kreuzungspunkt des Globalen Gitternetzes sowie jede stärkere Spannungslinie dieses Netzes ist ein solcher negativer Ort. Darüber genauer im folgenden Kapitel dieses Buches.

Hier muß ich erneut auf die Ankündigung gleich zu Beginn dieses Kapitels zurückkommen. In meinem schon mehrfach erwähnten Pendelbuch habe ich alles Wesentliche über die Bedeutung und die Auswirkungen der Orte der Kraft dargelegt. Zum Glück entdecken wir heute manche alten Erkenntnisse wieder von neuem, die uns in den Zeiten der Überschätzung des nur materiell Greifbaren verlorengegangen sind, damit wir sie uns wiederum nutzbar machen können. *Die direkte Auswertung* dieser Orte der Kraft verlangt nur, daß Sie sich direkt in einen solchen Ort hineinbegeben. Aber bitte nicht über Gebühr lange! Der zu sehr ausgedehnte Aufenthalt würde sonst zu einer Belastung. Denn auch hier gilt der Grundsatz: Zuviel ist ungesund.

Noch wichtiger ist *die indirekte Verwertung,* vor allem im Interesse unserer Gesundheit. Weil sie ein Kernstück für unsere Sicherung vor geopathischer Belastung darstellt, werde ich darauf im folgenden Kapitel genauer zurückkommen. Dazu brauchen wir geeignete Medien, die die positiven Energien in sich aufnehmen und speichern, so daß wir sie dann je nach Bedarf gebrauchen können, ohne an den Ort der Kraft gebunden zu sein. Die wichtigsten dieser Medien sind Wasser (der menschliche Körper besteht bekanntlich zu rund 60–80 % aus Wasser, was gerade dessen Wirksamkeit verständlich macht), ungebleichte Vaseline, dann auch Watte oder Unterwäsche u. dgl. Es wäre wenig sinnvoll, wenn ich die Einzelheiten über *das Verfahren der Energieaufladung und über die Anwendung dieser energetisierten Substanzen* besonders zu Heilungszwecken oder zu rascher Regeneration hier im einzelnen wiederholen würde. Sie können das alles an der bezeichneten Stelle nachlesen.[15]

Was geschieht, wenn Sie keinen Ort der Kraft zur Verfügung haben, um sich in dieser Weise helfen zu können? Dann können Sie sich *die starken Ausstrahlungen von Lebenskraft eines gesunden kräftigen Baumes* zunutze machen. Sie brauchen die eben erwähnten Substanzen nur einige Stunden dicht an den Baumstamm zu stellen oder zu legen. Dann nehmen sie dessen intensive Energieschwingungen genauso in sich auf, wie an einem Ort der Kraft. Haben Sie den kürzlich empfohlenen Baumtest auch gemacht? Dann haben Sie diese Kräfte ja selbst erlebt.

Das Einfachste, um Ihr Wasser zu vitalisieren: Legen Sie einen Brocken Bergkristall oder Rosenquarz (»Schönheit« ist unwesentlich) einige Stunden in den Wasserbehälter. Das genügt völlig.

Die immer wieder auftauchenden Fragen: *Warum ist das alles so?* Wie können wir uns das erklären? Und die einfache, auch hier wiederholte Antwort: Alles ist schwingende, fließende Energie. Körperlicher Schmerz und Krankheit sind von dieser Seite aus gesehen immer Schwächung, Störung oder gar Blockierung im Fluß der Lebensenergie. Der weltbekannt gewordene Arzt Dr. Voll, der Entdecker der Elektro-Akupunktur, prägte den Satz − ein Schlüsselsatz der Erkenntnis −: »*Schmerz ist der Schrei des Gewebes nach Energiedurchflutung.*« Bringen wir die gestaute oder gar blockierte Energie wieder zum Fließen, dann bedeutet das intensivere Durchblutung und Stärkung der Abwehr- und Heilungskräfte. Und wenn »wissenschaftlich« gewisse Details dieser uns zunächst geheimnisvoll erscheinenden Zusammenhänge in unserem Organismus nicht ganz geklärt sein mögen, dann ändert das daran gar nichts. Wer es an sich erlebt hat und an anderen oft genug beobachten konnte, der weiß es. Nur ein lebensfern denkender Mensch, welchen Beruf er auch immer haben mag, kann dann eine solche Hilfsmöglichkeit von vornherein ablehnen. Der Geschädigte ist er ja nur selbst und allenfalls seine von ihm überredeten »Opfer«.

Wir wissen heute mit großer Sicherheit, daß *frühere Jahrhunderte sehr viel mehr* von solchen energiegeladenen Orten und ihrer Bedeutung wußten. Vieles spricht dafür, daß ihre Beachtung und ihre praktische Verwertung bis in die Neuzeit fast selbstverständlich war. Dafür legen die vielen einwandfrei nachgewiesenen Plätze der Kraft Zeugnis ab, wie sie sich zum Beispiel an besonders wichtigen Stellen von Kultstätten aller Art finden. Auf diesem Gebiet betreiben einige Universitäten und Technische Hochschulen seit Jahren systematische Studien mit vielfältigen Untersuchungen an Ort und Stelle, die sich bei Nachprüfungen von verschiedener Seite durchweg bestätigen.

Am Ende dieses Kapitels möchte ich nicht an einer *Folgerung* vorbeigehen, die sich uns im Zusammenhang mit *dem allgegenwärtigen energetischen Schwingungsphänomen* fast aufdrängt. Sie haben sich jetzt mit der großen Bedeutung vom Geist des Ortes auseinandergesetzt, die wie gesagt die alten Römer schon genau kannten und mit ihm auch zu »arbeiten« wußten. Was ruft denn, mindestens zu beträchtlichen Teilen, den Geist des Ortes hervor? Es sind doch – wie wiederholt betont – nur die intensiven Schwingungen, die das Denken und Tun der Menschen ausmachen, und damit selbstverständlich auch den jeweils herrschenden Zeitgeist einer bestimmten menschlichen Gemeinschaft. Er ergreift die Betroffenen oft in einer Weise, die eine nachfolgende Generation nicht mehr verstehen kann. Was sonst als ebendieser »Geist« mit seinen ihm innewohnenden Schwingungen ist es, das dann im Körperlichen und Materiellen die weiteren Ereignisse bewirkt? Fazit: *Der Mensch selbst macht sein Schicksal,* nach den uns weitgehend unbegreiflichen Gesetzen, die eine uns unfaßbare Instanz geschaffen hat, der wir alle unterworfen sind, ob wir es erkennen oder nicht. Das unerbittliche Gesetz von Ursache und Wirkung begegnet uns auch hier. Ihm sind wir preisgegeben. Seien wir also in höchstem Maß wachsam, was die Kultur unseres Denkens angeht! Denn sie steht immer am Anfang dessen, was wir dann tun, und was wir damit für uns selbst und für andere an Bedingungen für weiteres Denken und Tun setzen. Sie gehen oft weit über unsere persönlichen Einflußmöglichkeiten hinaus und bleiben doch ein Teil unserer eigenen Verantwortung.

Speziell: Empfindlichkeit auf geopathische Störungen

Erinnern Sie sich an den Beginn des letzten Kapitels über die Schwingungen von Orten, wo ich Sie um Verständnis dafür bat, daß ich Sie bei Einzelheiten auf mein Pendelbuch verweisen müßte? Wie schon dort erwähnt, trifft das auch auf dieses letzte Kapitel über die geopathischen Störungen und die Hilfen zu, die uns der Energiesensor dabei leisten kann. Selbstverständlich bringe ich auch hier die wesentlichen Zusammenhänge, wenn auch zusammengefaßt. Die einen oder anderen Details bitte ich Sie jedoch, im letzten Teil des genannten Buches nachzulesen.

Zunächst die Frage: *Was sind überhaupt diese geopathischen Störungen,* von denen zum großen Glück für viele Menschen seit einigen Jahren mehr und mehr in der breiten Öffentlichkeit zu hören und zu lesen ist? Sie werden auch als geobiologische oder als geopathogene Störungen oder Belastungen bezeichnet, also als in der Erde begründete Belastungsquellen unserer biologischen Gesundheit, die uns die mehr oder minder starke Gefahr einer Erkrankung bescheren. Nehmen Sie bitte den Begriff »Erde« im weitesten Sinn, denn dabei spielen auch Einflüsse aus dem Weltenraum eine gewisse Rolle. Zwar sind sie im einzelnen nicht oder noch nicht exakt festzulegen, ähnlich wie der Einfluß des Mondes auf die Gezeiten, auf den weiblichen Zyklus und auf verschiedene andere Zusammenhänge auf unserer Erde. Aber an ihrer Existenz und Wirksamkeit kann nicht gezweifelt werden. In diesem Buch beschränke ich mich bewußt auf feststehende Tatsachen: nämlich auf ein in vielen Jahrzehnten gewonnenes Erfahrungsgut, das sich Tag für Tag von neuem erhärtet. *Die so verursachten gesundheitlichen Störungen* äußern sich z. B. zunächst in Schlafschwierigkeiten bis Schlaflosigkeit, in

Kopf- und Gliederschmerzen aller Art, in Benommenheit, unerklärlichen Gefühlen von Niedergeschlagenheit und »Gerädertsein«. Je sensibler der Betroffene, um so stärker seine Betroffenheit. Bis dann eines Tages wegen der jetzt nicht mehr zu bewältigenden Dauerbelastung eine oft schwere Erkrankung ausbricht!

In dem Pendelbuch habe ich eine kleine Zahl von Fällen gebracht, in denen *der unmittelbare Zusammenhang von schwerer Erkrankung* − nicht nur des vielzitierten Krebses − mit geobiologisch gestörten Schlafplätzen auf der Hand liegt.[16] Ich könnte diese wenigen Beispiele durch die vielen weiteren Fälle solcher Art nahezu beliebig erweitern. (Dazu liefert neben anderen zum Beispiel auch unsere diesbezüglich sehr sensible Tochter, die auf diesem Gebiet tätig ist, fortgesetzt neues, oft geradezu erschreckendes »Material«.) Und ich bin mir hier mit vielen anderen verantwortungsvoll und kritisch vorgehenden Radiästheten absolut einig. Immerhin gibt es heute schon medizinische Universitätsprofessoren und langjährig erfahrene Chefärzte bedeutender Kliniken, die es aufgrund ihrer soliden Unterlagen als unverantwortlich bezeichnen, diese Zusammenhänge ins Reich der Phantasie zu verweisen, sie einfach zu leugnen oder als Unsinn abzutun. Leider und zum Unglück nicht weniger Menschen geschieht das auch heute noch von Stellen, die es besser wissen müßten, es vermutlich aber nur deshalb nicht wissen wollen, weil es nicht in ihre Ausbildung gehörte und damit ein für allemal jenseits ihrer Welt liegt.

Worin liegen solche geopathischen Belastungen oder Störungen begründet, was dann auch als geopathogene Standortfaktoren bezeichnet wird? Es sind im wesentlichen die folgenden:

● Da es heute noch viel zu wenig bekannt ist, möchte ich an erster Stelle *das Globale Gitternetz* anführen, das der Arzt Dr. Ernst Hartmann entdeckte, weshalb es in der ausländischen Literatur zumeist Hartmann-Gitter genannt wird. Vom magnetischen Nordpol aus ist der gesamte Globus von einem magnetischen Gitternetz über-

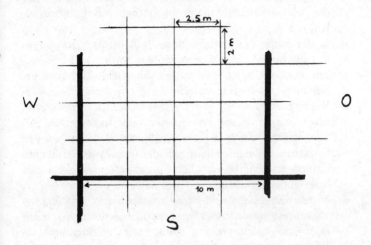

zogen. Seine *Spannungslinien oder Reizstreifen* liegen in unserer geographischen Breite in der magnetischen Nord-Süd-Richtung etwa 2 m auseinander und in der zugeordneten Ost-West-Richtung etwa 2,50 m. Die NS-Linien haben also einen Abstand von etwa 2,50 m voneinander und die OW-Linien etwa 2 m. Denken Sie sich, vor einem Globus zu stehen, dessen Nordpol oben ist: Dann liegen die sich so ergebenden Rechtecke in ihrer Längsrichtung auf dem Globus quer, also in Richtung Ost-West. Nehmen Sie die genannten Entfernungen nicht zu starr. Sie können je nach den geologischen und sonstigen Verhältnissen bis 10 cm und mehr variieren. Sinngemäß trifft das auch auf *ihre Breite* zu, die im allgemeinen zwischen 15 und 30 cm, meist etwa 20 cm ausmacht. Jede vierte dieser Reizstreifen in OW-Richtung und jede 5. in NS-Richtung ist etwa doppelt so stark ausgebildet, weshalb sie gern als *Doppelzonen oder Doppellinien* bezeichnet werden; sie befinden sich also alle 10 m in beiden Richtungen. Die Ausstrahlungen dieser magnetischen Linien, ganz besonders der doppelt starken, und natürlich ihre *Kreuzungspunkte,* auch hier wieder vor allem der doppelt starken, sind die problematischen Belastungsstellen.

- In der breiten Öffentlichkeit sind die öfters zitierten unterirdischen *Wasseradern oder Wasserläufe* viel bekannter, die sich ebenfalls in verschiedenen Tiefen überschneiden oder kreuzen können.

- Wichtig sind ferner *Verwerfungen in den Bodenformationen,* die sich ebenso wie Spalten oder sonstige tektonische Brüche durch die geschichtlichen Bewegungen der Erdkruste gebildet haben und die dem Wasser oft gute Kriech- und Fließgelegenheit bieten. Dann sind sie natürlich doppelt gefährlich.

- Nicht zu vergessen sind *Erzadern oder ganze Erzfelder* sowie unterirdische *Hohlräume* verschiedenster Art, auch *elektrische Leitungen* vor allem von Hochspannung im Boden oder im unmittelbaren Umfeld, z. B. in der Nähe befindliche Hochspannungsleitungen. Abgesehen von den letzteren treten diese Störungsquellen in der Praxis wohl um einiges zurück, was nicht ausschließt, daß sie sich in besonderen Fällen doch sehr bemerkbar machen können.

Alle diese Erscheinungen in der Erde können *mehr oder weniger starke Ausstrahlungen gefährlicher Art* bewirken, die unsere Gesundheit, ja unser Leben bedrohen. Ich habe schon darauf hingewiesen, daß das heute zurecht nicht mehr bezweifelt werden kann. Es ist interessant, daß viele Tiere (Kühe, Pferde, die meisten Hunderassen, Kaninchen, die meisten Nesthocker unter den Vögeln) solche gestörten Plätze meiden und, wenn sie es nicht können, wie im Stall angebundene Kühe oder Pferde, dann »rätselhafterweise« erkranken. Andere Tiere dagegen (wie Katzen, Bienen oder Ameisen) suchen diese Stellen zu ihrem Wohlbefinden gerade auf. Auch Bäumen und Pflanzen jeder Art bekommen diese Stellen sehr schlecht, wie der Kümmer- und Drehwuchs sowie tumorartige Auswüchse vielfach beweisen.

Auch eigenartig unfruchtbare Plätze in Gartenbeeten, Äckern, Schonungen im Wald und dergleichen zeigen dies sehr deutlich. Andererseits treffen Blitzeinschläge oft die Kreuzungspunkte von Reizstreifen oder Wasseradern, was Sie in den Wäldern vielfach nachprüfen können. Das alles kann den zunächst Zweifelnden rasch eines Besseren belehren, wenn er sich den zwangsläufig auftauchenden Fragen nur nicht verschließt.

Natürlich sind alle diese geopathischen Belastungen, vor allem des Schlafplatzes, wo man ein Drittel seines Lebens verbringt, selten die alleinige Ursache von *chronischer oder schwerer Erkrankung, insbesondere von Krebs,* es sei denn, sie seien ganz ungewöhnlich stark und der betroffene Mensch dafür sehr sensibel. Kaum eine Krankheit hat nur eine einzige Ursache. Wohl aber sind diese zusätzlichen Belastungen *häufig eine wesentliche Mitursache* dafür, daß sich die tiefgreifende Störung im Organismus des Betroffenen dann am Ort des geringsten Widerstandes (»locus minoris resistentiae«) manifestiert. Das muß bei weitem nicht immer Krebs sein, wie manche glauben. Diese bösartige Erkrankung ist heute nur in aller Leute Mund. Sie hat vielerlei Ursachen, wie sich jetzt durch erdrückendes, statistisches Material aus vielen Ländern beweisen läßt.[17] Sind solche schon hinreichend gegeben, dann bedarf es in vielen Fällen nur noch der zusätzlichen Wirkung einer stärkeren geopathischen Belastung, damit die Krankheit dann erkennbar zum Ausbruch kommt.

Es versteht sich ferner von allein, daß die geopathischen Störungen nicht von heute auf morgen zu schwerer Erkrankung führen, wohl aber – und das fast unausweichlich – *über die Zeit hinweg.* Wer monate-, jahre- oder jahrzehntelang einer spezifischen, organismusfremden Belastung ausgesetzt ist, und das Tag für Tag wenigstens 8 Stunden lang, also einem Drittel der Lebenszeit, in unglücklichen Fällen bei zusätzlicher Belastung am Arbeitsplatz noch viel mehr, der müßte schon eine übermenschlich starke Konstitution haben, um dem standzuhalten. Spüren doch sehr sensible Naturen eine solche geopathische Belastung etwa in ihrem Hotelbett schon während der ersten Nacht! Ich kenne persönlich mehrere Menschen dieser Art, bei denen das gewiß keine Einbildung ist, denn Rute und Energiesensor zeigen die Belastung präzise auf.

Es wird heute in Fachkreisen viel darüber diskutiert, ob *technisch bedingte Störungen* des natürlichen Magnetfeldes oder ob geologisch verursachte Belastungen in ihren Auswirkungen auf den durchschnittlichen Menschen schlimmer seien. Zu den erstgenannten gehören zum Beispiel unbiologische Bettmatratzen mit metallischem Federkern und Sprungrahmen, Eisenarmierungen von Wänden oder Decken, Heizkörper mit ihren notwendigen Rohrsystemen usw. Die Ansichten stimmen da durchaus nicht immer überein, und mir persönlich scheint aufgrund meiner langen kritischen Beobachtung und einer großen Zahl von Überprüfungen manches übertrieben. Das Gleiche trifft für das zuweilen als ganz besonders gefährlich bezeichnete *Curry-Netz* zu, über das von den sogenannten Fachleuten ganz verschiedenartige und einander zum Teil scharf widersprechende Angaben gemacht werden. Ich habe gute Gründe dafür anzunehmen, daß seine Schädlichkeit allenfalls 15 bis 25 % dessen ausmacht, was das Globale Gitternetz (Hartmann-Netz) an unbezweifelbarer Gefährlichkeit für uns aufweist. Daher gehe ich auch hier nicht näher darauf ein.[18]

Wie können diese geopathischen Störungen ermittelt werden?
In der Praxis ist der einfachste und rascheste Weg die Überprüfung des fraglichen Geländes oder Raums, zumeist des Schlafzimmers oder auch eines Arbeitsplatzes, *mit der Rute.* Sie zeigt mit Hilfe der Richtungsangabe eines einfachen Kompasses ohne langes Herumsuchen das Globale Gitternetz dank seiner annähernden Regelmäßigkeit in der magnetischen NS-Richtung und der entsprechenden OW-Richtung auf. Finden sich weitere Störungslinien oder -felder, dann kann es sich dabei nur um Wasserläufe oder Verwerfungen oder (ausnahmsweise) um eine der anderen oben aufgeführten Belastungsquellen handeln. Sie können dann, soweit nö-

tig und möglich, im einzelnen fixiert werden. Das genaue, direkte Vorgehen hierbei mit der Wünschelrute und örtlicher Kontrolle *durch den Pendel,* ebenso wie das indirekte Auffinden der Störfelder nur durch den Pendel habe ich in meinem mehrfach zitierten Pendelbuch ausführlich beschrieben.[19]

Sie können die geopathischen Störfelder auch nur mit dem Energiesensor feststellen. Dazu brauchen Sie ein wenig Geduld und innere Ruhe, denn das Verfahren ist hier seiner Natur nach etwas langwieriger. Auch hier ermitteln Sie zunächst mit einem einfachen Kompaß die magnetische Nord-Richtung und stellen dann quer zu ihr, ganz langsam Schritt für Schritt, die in Richtung NS verlaufenden Spannungslinien des Globalen Gitternetzes fest. Zu diesem Zweck benutzen Sie die locker geöffnete linke Hand, die zum Boden hin gerichtet ist, als Antenne und halten Ihren Energiesensor mit der rechten in der Normalposition. Sie dürfen dabei nur ganz langsam vorwärts gehen, denn der Sensorkopf braucht seine Zeit, etwa eine Minute, für die Reaktion auf die aus dem Boden kommende magnetische Ausstrahlung. Diese Reaktion kennen Sie schon vom Magnettest her, den Sie im Kapitel »Praktisches Einarbeiten« – hoffentlich – geübt haben (S. 44): Der Sensorkopf schwingt zuerst senkrecht auf und ab, geht dann in eine deutliche Linksdrehung und nach ganz kurzem Zwischenspiel von Auf und Ab in eine deutliche Rechtsdrehung über, um dann wieder senkrecht auf und ab zu schwingen und anschließend diesen Tanz beliebig oft zu wiederholen, solange sich Ihre Hand genau oberhalb der Reizlinie befindet. – Sie können natürlich, statt Ihre Hand als Antenne zu benutzen, auch Ihren Sensorkopf direkt über die Reizzone halten.

Diesen ersten Punkt, den Sie so finden, markieren Sie am Boden, am besten gleich im Verlauf der vom Kompaß gezeigten NS-Linie. Nun können Sie einige Schritte in die alte Richtung machen und dann von hier aus genauso langsam und sorgsam rückwärts gehen, bis der Energiesensor wiederum zu schwingen beginnt. Dann haben Sie eine saubere

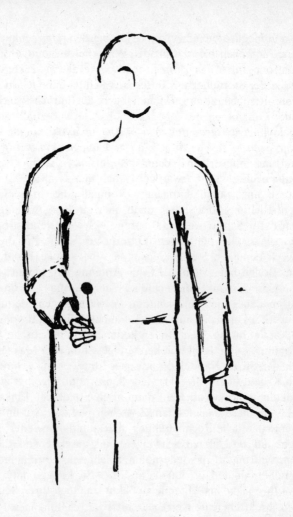

Kontrolle Ihres ersten Ergebnisses. Jetzt folgen Sie weiter in der ursprünglichen Richtung, bis Sie – in unserer geographischen Breite – nach ungefähr zweieinhalb Meter die nächste NS-Linie in der gleichen Weise ermitteln. So fahren Sie fort, bis Sie den ganzen Raum erfaßt haben. Anschließend erarbeiten Sie sich quer zu den NS-Linien, also im Winkel von etwa 90° zu ihnen, die in OW-Richtung verlaufenden, in der gleichen Weise. Diese haben einen annähernden Abstand von 2 m. Die Markierungen am Boden (Stock, Besenstiel, ausgezogenes Metermaß oder mehrere kurze Stücke von Krepp-Klebeband) zeigen Ihnen jetzt das Globale Gitternetz in der Gesamtheit des Raums. Stellen Sie außerhalb dieses regelmäßigen Netzes irgendwelche weiteren Störungen fest, dann kann es sich nur um eine andere geopathische Belastung handeln, deren Erkennungsmöglichkeit ich noch aufzeigen werde.

Sollten Sie von Beginn an bei Ihrer Arbeit die beschriebene Reaktion des Sensorkopfes *ständig* erleben (senkrecht, links, rechts, senkrecht usw.), dann sind Sie zufällig direkt auf eine OW-Linie geraten. Treten Sie dann etwa zwei Schritte nach rechts oder links, dann sind Sie mit großer Wahrscheinlichkeit auf einem ungestörten Platz und können von da aus die gesuchte NS-Linie ermitteln.

Wenn Ihr Sensorkopf *besonders stark ausschlägt,* dann haben Sie eine der doppelt starken Spannungslinien des magnetisch strahlenden Globalen Gitternetzes (»Doppelzone«) vor sich, auf die ich bereits hingewiesen habe. Von ihr ausgehend wird sich in etwa 10 m Abstand nach beiden Seiten wiederum diese auffallende Stärke zeigen.

Wollen Sie *die äußeren Ränder eines Reizstreifens oder einer Reizzone ganz genau festlegen,* dann benutzen Sie als Antenne nicht die ganze locker geöffnete linke Hand, sondern nur die Unterseite der Spitze des locker gestreckten (z. B.) Mittelfingers. Die anderen Finger sind dann locker zum Handteller hin eingezogen. Das erlaubt Ihnen ein punktförmiges Arbeiten am Boden.

Wo immer Sie zwischen den annähernd regelmäßigen Reizstreifen oder Spannungslinien des Globalen Gitternetzes irgendwelche weiteren Bewegungen des Sensorkopfes feststellen, haben Sie eine der anderen geopathischen Störungen vor sich, genauer gesagt: unter sich. Der Klarheit halber bringe ich nun eine *Übersicht über alle üblichen Bewegungen des Sensorkopfes und ihre jeweilige Bedeutung:*

- *Senkrecht, Linksdrehung, Rechtsdrehung, senkrecht, usw.*, wie soeben beschrieben und über jeder Kompaßnadel und jedem Magneten: Spannungslinie (Reizstreifen) oder Kreuzung des Globalen Gitternetzes.

- *Seitliches, also horizontales Hin- und Herschwingen* zeigt Ihnen eine Wasserader oder eine Verwerfung an oder die Kombination von beiden. Jede Art von Verwerfung ist für den Menschen ebenso gefährlich wie ein Wasserlauf. Die Stärke oder Weite des hier seitlichen Ausschwingens zeigt Ihnen auch jetzt die Intensität der Störung. Bei einem breiten Wasserlauf von mehreren 10 cm können Sie an der Stärke der Schwingung an jeder Stelle schön ablesen, wo er besonders stark ist, wo wesentlich schwächer bis hin zu einem dünnen Entlangsickern, und wo sich sein äußerster Rand befindet.

- *Völliger Stillstand des Sensorkopfes*, was Sie – wie schon mehrfach erwähnt – erst nach etwa einer vollen Minute oder im Zweifel vielleicht etwas längerem geduldigen Warten und ganz ruhiger Haltung des Energiesensors feststellen können: ungestörter Platz.

- *Senkrechtes Auf- und Abschwingen* gibt immer das Vorhandensein von Energie an der betreffenden Stelle zu erkennen. Je stärker es ist, um so stärker die Ausstrahlung dieser Energie. Wie das über und an jedem lebenden Organismus die Stärke seiner Vitalkraft (Aura) anzeigt, so an einer beliebigen Stelle einen Ort der Kraft. Darüber habe ich im letzten Kapitel ausführlich gesprochen. Es kann auch ein ständiger Wechsel von Auf und Ab mit Stillstand eintreten.

- *Senkrechtes Auf- und Abschwingen mit Rechtsdrehung wechselnd:* Der Ort der Kraft ist ausgesprochen positiver Natur, wie im letzten Kapitel mehrfach erwähnt.

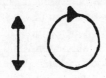

- *Senkrechtes Auf- und Abschwingen mit Linksdrehung wechselnd:* Linksdrehung bedeutet immer negative, schädliche, möglichst zu vermeidende Energie, so wie Rechtsdrehung das Gegenteil kennzeichnet. Bei geopathischen Überprüfungen wird Ihnen z. B. solch »giftiges« Wasser kaum begegnen, wohl aber bei anderen Gelegenheiten. Darüber später.

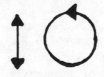

Sicherheitshalber weise ich noch darauf hin, daß Sie sich *von Anfang an auf diese Reaktionsformen Ihres Energiesensors einstellen* sollten. Dann werden sie sich mit höchster Wahrscheinlichkeit auch bei Ihnen so einspielen wie bei allen mir bekannten Benutzern dieses Geräts. Es ist jedoch prinzipiell nicht ganz auszuschließen, daß es sich in einem ganz besonderen Fall auch anders verhalten mag. Das würden Sie bei Ihrer praktischen Arbeit anhand von Kontrollmöglichkeiten indessen rasch bemerken. Aber: Bei ein und derselben Person sind die Reaktionen immer die gleichen. Daran gibt es keinen Zweifel.

Nun zu dem so wichtigen Problem: *Wie können Sie sich gegen die schädlichen Auswirkungen der geopathischen Belastung schützen?* Gibt es Entstörungsmöglichkeiten − wie man dazu gern sagt − und wenn ja, welche? Der beste Schutz, den wir uns nur denken können, ist, daß wir allen Störungsstellen peinlich aus dem Weg gehen: den Reizstreifen und erst recht den Kreuzungen des Globalen Gitternetzes und allen anderen belastenden Quellen. Die Tiere und oft auch kleine Kinder machen uns das vor, soweit sie es nur können. Zum Beispiel haben Kinder nicht selten eine auffallende Vorliebe für den äußersten Rand in ihrem Kinderbettchen oder Laufstall. So entfliehen sie zum Leidwesen der »ordentlichen« Mutter der in der Mitte befindlichen geobiologischen Gefahrenstelle, die der Energiesensor rasch entdeckt hat. Zuerst müssen wir solche gefährlichen Stellen natürlich erkennen, um sie dann zu vermeiden. Das können wir dann nur durch Verschieben des Bettes (oder sinngemäß des Arbeitsplatzes) an einen ungestörten Ort, dessen wir uns natürlich auch zuerst versichern müssen. Die nötigen Hnweise zu seiner sauberen Festlegung haben Sie ja nun kennengelernt.

Glauben Sie bitte nicht, Sie seien in *einem der oberen Stockwerke eines Hochhauses* sicherer! Eher das Gegenteil ist der Fall. Denn die Stahlbetonbauweise sorgt für eine breitere Streuung dieser feinsten Reizstrahlungen, übrigens ebenso wie *Stahlfedermatratzen* mit ihrem Metallrahmen. Ein Holzbett, das an einem ungestörten Platz steht, ist da in jedem Fall vorzuziehen.

Aber was tun, wenn in einer engen Wohnung oder im klei-

114

nen Schlafzimmer kein Platz für das Verschieben an eine andere Stelle ist? Wenn also eine normalerweise »unmögliche« Position irgendwo halbquer im Raum nicht mehr in Betracht kommen kann? Dann hilft – so wird gern gesagt – nur *die »Entstörung« des Schlafplatzes oder die »Abschirmung« der gefährlichen Einwirkungen*. Zu diesem Zweck werden heute auf dem Markt schon eine Vielzahl von Entstör- und Abschirmgeräten oder Strahlenschutzdecken angeboten und Empfehlungen gegeben, über deren Einzelheiten Sie sich ebenso wie über weitere Details zu diesem Problem allgemein in meinem Pendelbuch etwas genauer informieren können. Für sie gilt samt und sonders, worüber sich alle wirklichen Fachleute in allen Ländern einig sind: *Es gibt auf Dauer keine wirkliche Entstörung,* also die Beseitigung aller störenden Momente. Über Jahrzehnte gehende kritische Untersuchungen haben ganz klar aufgewiesen,

● daß die Entstörstrahlungen zu verschiedenartig sind und sich ständig ändernden Bedingungen von Wetter-, erdgebundenen und kosmischen Einflüssen unterworfen sind, so daß sie sich gar nicht präzise erfassen lassen.

● daß jedes für Entstörung bestimmte Gerät seine eigenen Gesetze hat, je »entwickelter« es ist desto mehr, was nur erneut bestätigen kann, wie kompliziert und schwer durchschaubar diese Zusammenhänge sind, trotz aller physikalischen Erkenntnisse.

● daß sich speziell abwehrende Metallfolien bzw. ihre Oberfläche mit negativer Aufladung sättigen, so daß die am Anfang effektiv vorhandene und »demonstrierte« Abhilfe nach einigen Tagen bis längstens einigen Wochen vorbei ist.

● daß auch die positiven Strahlungen aus Erde und Kosmos abgewiesen werden, die unser Körper braucht.

● daß in vielen Fällen der Zustand nachher schlimmer ist, als er zuvor war.

● daß, je teurer das Angebot für solche Hilfen, um so mehr Kritik am Platz ist. Wie in allen Vertrauensberufen und -tätigkeiten gibt es eben leider auch auf diesem Gebiet durchaus seriöse Berater und eher eine größere Zahl von Geschäftemachern.

Eine auf Dauer wirkungsvolle Entstörung kann es also nicht geben, die man einmal installieren und dann für immer vergessen könnte. Ich kann Ihnen jedoch mit wirklich gutem Gewissen *das folgende Verfahren empfehlen,* das

● zwar mit (im allgemeinen 3-tägig) wiederkehrender kleiner Mühe verbunden ist,

● nun seit vielen Jahren nicht nur in unserer eigenen Familie, sondern in einem mittlerweile beachtlichen Kreis von kritischen Menschen mit vollem Erfolg praktiziert wird,

● Sie zudem praktisch nichts kostet:

Es ist *die Neutralisierung der geopathischen Belastung durch Vita-Wasser,* also durch vitalisiertes, mit Lebensenergie angereichertes Wasser. Über dieses an Orten der Kraft gewonnene heilsame Wasser habe ich schon gegen Ende des vorigen Kapitels berichtet. Es wird entweder direkt an einem Ort der Kraft »aufgeladen« oder dicht am Stamm eines gesunden, kräftigen Baums oder durch einen Bergkristall oder Rosenquarz. Dazu genügen im allgemeinen für einen handlichen Dreiliterbehälter $1^1/_2-2$ Stunden. Im praktischen Alltag braucht man den Behälter mit Wasser der Einfachheit halber nur den Tag oder die Nacht dort aufzustellen bzw. den Halbedelstein hineinzulegen.Zu langes Aufladen kann nie schaden, weil sich das Wasser nicht übersättigen kann. Ist seine Kapazität aufgefüllt, dann nimmt es keine weitere Energie mehr auf.

So wie das Wasser auf diese Weise positive Energie in sich anreichert, *nimmt es auch die negativen Schwingungen der geopathischen Belastung auf,* der es dann ausgesetzt wird. Die eben genannte Wassermenge von etwa drei Liter nimmt diese in einem Durchmesser von etwa $1,20-1,60$ m auf, und zwar zwei bis maximal drei Nächte (bzw. Tage) lang. Sie können den Behälter an Ort und Stelle unter Ihrem Bett oder notfalls dicht an seinem Rand aufstellen, natürlich wenn möglich genau im Mittelpunkt der Belastungszone, also etwa genau über einem Kreuzungspunkt des Globalen

Gitternetzes. Es empfiehlt sich, daß Sie in jedem Einzelfall mit Ihrem Energiesensor und mit der Ihnen bekannten präzisen Methode der Mittelfingerantenne an der betroffenen Störungsstelle nachprüfen, wie lange und in welchem räumlichen Umkreis die entstörende Neutralisierung der geopathischen Belastung anhält. Nehmen Sie die eben genannten Werte nur als allgemeine Hinweisdaten; sie können im konkreten Einzelfall unter- oder auch überschritten werden, je nach der Intensität der Störung, der positiven Aufladung Ihres Wassers, den besonderen geologischen Bedingungen usw. Auf jeden Fall ist das Wasser zeitgerecht immer wieder zu erneuern.

Denn dann ist die Anreicherung an positiver Energie in ihm *durch die stetige Aufnahme der negativen Energiestrahlungen aus der Störzone so verbraucht,* daß die weitere Benutzung sinnlos wäre und sogar gefährlich und schädlich. Wenn Sie nämlich nach mehreren Tagen und Nächten dieses Wasser mit dem Energiesensor überprüfen, werden Sie den ständigen Wechsel von lebhaftem senkrechten Auf und Ab mit ganz klarer und kräftiger Linksdrehung erleben, was Ihnen mit Sicherheit anzeigt, daß dieses Wasser jetzt »giftig« geworden ist. Schütten Sie es deshalb ohne Bedenken weg, und verwenden Sie es bitte nicht in falscher Sparsamkeit etwa zum Blumengießen oder für den Hundenapf oder gar zum Kochen. Sie brauchen es nicht auszuprobieren: Ihre Blumen würden eingehen.

Und versäumen Sie nicht, *die Neutralisierung der Störungsstrahlung zu überprüfen:* Ihr Energiesensor bleibt jetzt still stehen, auch wenn Sie ihn noch so lange in ruhiger Position halten, was die Störungsfreiheit des Ortes anzeigt. Es kann auch sein, daß er mäßig senkrecht auf- und abschwingt, weil sogar noch einige positive, auf keinen Fall negative Energie vorherrscht.

Eine letzte Bemerkung: Gelegentlich treten *nach dem Wechsel des Schlaf- (oder Arbeits-)Platzes von einem stark gestörten auf einen jetzt störungsfreien Ort unangenehme Reaktionen auf.* Das ist nicht oft der Fall, könnte aber bei Ihnen

117

vorkommen. Das ist kein Grund zur Beunruhigung. Unser Organismus, der sich ja an nahezu alles gewöhnen kann und immer das Seine tut, um mit einer ihm bereiteten Schwierigkeit fertig zu werden, solange er nur kann, muß sich jetzt umstellen. Das kann mit gewissem Unbehagen, Kopfschmerzen oder Schlafstörungen verbunden sein und macht sich gern am Ort des geringsten Widerstandes im Organismus bemerkbar. Es handelt sich hier um eine Art Entzugserscheinung bei der Ablösung von seit Jahren Eingewöhntem. Sie können beruhigt sein: Wenn diese Erscheinungen überhaupt auftreten – was nicht oft der Fall ist –, dann dauern sie zumeist nur wenige Tage oder Nächte an und machen dann einer Befreiung des ganzen Organismus Platz und gar nicht selten einer neuen, seither nicht mehr gefühlten Lebensfreude. Eine dafür typische Äußerung: »Ich fühle mich wie neugeboren!«

Schlußwort

So sehr wir also vor den geopathischen Störfeldern auf der Hut sein müssen, so sind wir ihnen doch nicht hilflos ausgeliefert. Wir können ihnen ausweichen oder uns vor ihnen schützen, indem wir sie neutralisieren. Allerdings erfordert das, wie Sie gesehen haben, *unsere wiederkehrende Bemühung,* die gewiß nicht groß ist, aber beibehalten werden muß. Und was auf diesem Gebiet gilt, das gilt in gleicher Weise für alles, was Sie in diesem Buch gelesen haben: Die Beherrschung des Energiesensors, dieses so einfachen und dabei unglaublich hilfreichen Gerätes, braucht seine Zeit, um sich Schritt für Schritt voll zu entwickeln. Alles muß in Ruhe reifen können. Es wird uns Menschen in dieser Welt nun einmal nichts geschenkt. Wir müssen uns alles mehr oder minder mühsam verdienen. Warum sollte das hier anders sein?

Ganz bewußt habe ich mich in diesem Buch darauf beschränkt, *nur solche Anwendungen des Energiesensors aufzuzeigen, die sich im täglichen Leben praktisch bewährt haben.* Ich bin mir ziemlich sicher, daß er uns vor allem im gezielten Einsatz für unsere Gesundheit wie auch geistig noch sehr viel weitergehende Erkenntnisse, Hilfe und vielfältige Anregungen geben kann. Ich hüte mich aber vor vorschnellen Mitteilungen, ehe sie nicht auf breiter Basis bestätigt sind. Ich möchte Sie alle aufrufen, Ihrerseits, wann immer Ihnen Gedanken zu weiterer praktischer Anwendung kommen, Ihre Versuche zu machen, dabei aber niemals das »Salz der Kritik« außer acht zu lassen. Und bleiben Sie dabei immer eingedenk der naturgegebenen Voraussetzungen für das ersprießliche Arbeiten mit dem Energiesensor, die ich am Ende des ersten Buchteils in einem kurzen Kapitel zusammengefaßt habe.

Zugleich bitte ich Sie um Verständnis für *die Warnung: Machen Sie sich nicht im falschen Sinn abhängig* von Ihrem Energiesensor! Er soll uns helfen, wenn wir in Bedrängnis kommen. Er soll uns jedoch unter keinen Umständen unsere menschliche Selbständigkeit, unsere Eigenverantwortlichkeit, unsere täglichen kleinen oder größeren Entscheidungen so abnehmen, daß wir uns am Ende in einer Art sklavischer Abhängigkeit von ihm befinden. Das wäre geradezu menschenunwürdig und das letzte, was ich mit diesem Buch bewirken möchte. Der Mensch, der sich um sein weiteres Wachsen und Reifen bemüht, muß immer der Herr seiner Entscheidungen bleiben. Das schließt ja nicht aus, daß er sich sozusagen der hilfreichen Beratung durch seinen Energiesensor bedient.

Verschiedentlich mußte ich in diesem Buch *auch von Rute und Pendel* sprechen. Der Radiästhet, der die Welt der Schwingungen, der allgegenwärtig fließenden, schwingenden Energie in ihren vielen Erscheinungsformen prinzipiell erfaßt hat und sich um ihre weitere Kenntnis und Auswertung bemüht, wird nicht nur mit dem Energiesensor, er wird *mit allen drei radiästhetischen Werkzeugen arbeiten.* Ein jedes hat für bestimmte Anwendungen seine Stärken und seine Schwächen. Erst der sinnvolle Einsatz eines jeden zu dem dafür bestgeeigneten Zweck erschließt ihm die Fülle der Verwertungsmöglichkeiten, die die gewaltigen Schöpferkräfte der Natur uns hier geben.

Danken wir für dieses schlichte und großartige Gerät der Schöpfung! Es hilft uns, ihre Weite und Tiefe besser zu erfahren. Es gibt uns einen Einblick in die geheimnisvolle Welt der Schwingungen, in die winzigen Bausteine unserer Welt und unseres eigenen Seins. Und so können wir in unserem kleinen Mensch-Sein der unendlichen, allgewaltigen und über allem Sein stehenden Kraft, die wir gern als kosmische oder göttliche bezeichnen, einen Hauch näherkommen. Die

Hintergründe mögen der Enge unseres Denkens verborgen bleiben. Deshalb wirken sie doch in ihrer eigenen Gesetzlichkeit.

Halten wir uns an das Wort Goethes: »Das schönste Glück des denkenden Menschen ist: das Erforschbare erforscht zu haben und das Unerforschbare ruhig zu verehren.« In diesem Sinne können wir getrost das, was uns die Schöpfung in ihrer Weisheit bietet, demütig und dankbar nutzen, zu unserem eigenen und zum Heil unserer Mitmenschen.

Der Verfasser dieses Buches gibt gelegentlich – soweit es seine Zeit erlaubt – Pendelkurse, in denen er auch die wichtigsten Anwendungen des Energiesensors praxisnah behandelt. Genaueres ist zu erfragen bei Dr. A. Stangl, D-64757 Rothenburg/Odenwald.

Sie können sorgfältig gefertigte Energiesensoren zur umgehenden Lieferung ab DM 30.- (einschließlich Porto und Verpackung) bestellen bei Barbara Stangl, Kreuzgasse 4, 69493 Hirschberg-Leutershausen, Tel.: 0 62 01/5 83 59 bzw. per Postkarte unverbindlich ein ausführliches Informationsblatt über die verschiedenen Ausführungen anfordern.

Anmerkungen

1 Bier, August: »Die Seele«. München–Berlin 1939

2 Siehe Stangl, Anton: »Die vergessene Welt der Gefühle – Der Feind im Kopf«

3 Stangl, Anton: »Pendeln – Grundlegung, Persönlichkeit, Gesundheit, Lebensalltag, Geopathie«

4 Siehe Stangl, Anton und Marie-Luise: »Lebenskraft – Selbstverwirklichung durch Eutonie und Zen«

5 Siehe Buch Anm. 4, 1. Teil »Das Prinzip von Spannung und Lösung der Lebenskraft«

6 Siehe die anderen Bücher des Verfassers und seiner Frau Marie-Luise, alle im ECON Verlag.

7 Siehe Anm. 3

8 Siehe Buch Anm. 3 in dem Buchteil »Psychologisches Pendeln – Erfassen der menschlichen Persönlichkeit«, vor allem in den Kapiteln über Männlichkeit und Weiblichkeit und die eheliche bzw. partnerschaftliche Übereinstimmung.

9 Siehe Buch Anm. 2, vor allem die ersten vier Kapitel sowie Kapitel 9 bis 11.

10 Siehe im Buch Stangl, Marie-Luise und Anton: »Hoffnung auf Heilung – Seelisches Gleichgewicht bei schwerer Krankheit«: S. 39–48 bzw. 54.

11 Siehe Stangl, Marie-Luise: »Die Welt der Chakren – Praktische Übungen zur Seins-Erfahrung«: Hier ist auch deutlich der Zusammenhang der viele tausend Jahre alten Chakrenlehre mit dem Drüsensystem der modernen westlichen Medizin betont.

12 Siehe die Bücher Stangl, Anton: »Heilen aus geistiger Kraft – Zur Aktivierung innerer Energien« und das Buch Anm. 10.

13 Bericht in FAZ/Reiseblatt vom 1. 11. 1984.

14 Siehe Buch Anm. 3: Die Ausführungen zu den Pendeltafeln 30 und 33 und S. 218.

15 Siehe Buch Anm. 3, S. 219–225.

16 Siehe Buch Anm. 3, S. 193−195.

17 Siehe Buch Anm. 10, das im ersten Teil eine sorgfältige Auswertung der verschiedensten Ursachen bringt.

18 Genaueres siehe Buch Anm. 3, S. 198/199.

19 Siehe Buch Anm. 3, S. 199−208.

Literaturverzeichnis

Bachler, Käthe: Erfahrungen einer Rutengängerin. Geobiologische Einflüsse auf den Menschen. Linz−Wien−Passau, 5. Aufl. 1981

Graves, Tom: Pendel und Wünschelrute: Radiästhesie. Theorie und praktische Anwendung. München, 3. Aufl. 1984

Hartmann, Dr. med. Ernst: Krankheit als Standortproblem. Heidelberg, 5. Aufl. 1986

Hoch, Ernst: Strahlenfühligkeit − Umgang mit Rute und Pendel. Linz−Wien−Passau, 2. Aufl. 1983

Jürgens, Heinrich: Die Wünschelrute und ihr Gebrauch. Freiburg, 7. Aufl. 1983

Kirchner, Georg: Pendel und Wünschelrute. Handbuch der modernen Radiästhesie. Genf, 5. Aufl. 1981

Oberbach, Dr. Josef: Feuer des Lebens. Grünwald 1980

von Pohl, Gustav Freiherr: Erdstrahlen als Krankheits- und Krebserreger. Feucht 1978

Schneider, Reinhard: Leitfaden und Lehrkurs der Ruten- und Pendelkunst. Einführung in die Radiästhesie. Wertheim 1980

Stangl, Anton und Marie-Luise: Lebenskraft. Selbstverwirklichung durch Eutonie und Zen. Düsseldorf, 2. Aufl. 1986

−: Hoffnung auf Heilung. Seelisches Gleichgewicht bei schwerer Krankheit. Düsseldorf, 2. Aufl. 1986

Stangl, Anton: Pendeln. Grundlegung, Persönlichkeit, Gesundheit, Lebensalltag, Geopathie. Mit 33 bewährten Pendeltafeln. Düsseldorf 1987

Buchhinweise aus benachbarten Wissensgebieten, die im vorliegenden Buch nur angeschnitten sind, finden Sie im aufgegliederten Literaturverzeichnis des Buches »Pendeln«, das hier an letzter Stelle aufgeführt ist.

ECON RATGEBER

Reinhard Schiller
Hildegard Medizin Praxis
TB 20445-9

Rezepte für ein gesundes Leben, Heilmittel im Einklang mit der Natur, Wahrung der ursprünglichen Lebenskraft, Ratschläge für die Selbstbehandlung: Dies ist die grundlegende Einführung in die Prinzipien der ganzheitlichen Medizin der hl. Hildegard von Bingen, deren Erkenntnisse helfen, Krankheiten vorzubeugen, und die Gesundheit und das Wohlbefinden fördern.

Reinhard Schiller
Hildegard Pflanzenapotheke
TB 20444-0

In Worten und Bildern vermittelt die Hildegard Pflanzenapotheke alles über Heilpflanzen, deren Anwendung bei Erkrankungen sowie deren Anzucht und Aufbewahrung. Die Rezepte zur Herstellung von natürlichen Medikamenten aus den Heilpflanzen beruhen auf den Erkenntnissen Hildegards von Bingen, der Heiligen, Äbtissin und Visionärin (1098–1179). Ihr besonderes Wissen ist zusätzlich in Originalzitaten zu den einzelnen Pflanzen nachzulesen und gibt wertvolle Anregungen für die Selbstbehandlung und ein gesundes Leben.

Ellen Breindl
Das große Gesundheitsbuch der Hl. Hildegard von Bingen
TB 20460-2

Über 800 Jahre sind seit dem Wirken der Hildegard von Bingen vergangen – und doch sind ihre Anleitungen zur Naturheilkunde von bestechender Aktualität. Dieses außergewöhnliche Gesundheitsbuch bietet praktische Ratschläge zur Verwendung von Heilkräutern bei Beschwerden jeder Art.

ECON TASCHENBÜCHER

ECON

ECON RATGEBER

Ferry Hirschmann
Heilende Blüten
Neue Erkenntnisse über
Bach-Blütentherapie
TB 20488-2

Nicht nur die Krankheit, sondern auch der Kranke muß behandelt werden – und zwar individuell! In diesem Buch werden die 38 heilenden Bach-Blüten vorgestellt; es gibt Tips zur Herstellung und Anwendung der Blüten-Essenzen und erklärt die Kombinationsmöglichkeiten mit anderen homöopathischen Präparaten.

Julia Lawless
Die kleine Aroma-Apotheke
TB 20520-X

Ein kleines Brevier der Aromatherapie: Für Anfänger wie für Liebhaber gibt Julia Lawless eine kleine Einführung und stellt dann die häusliche Verwendung von ätherischen Ölen vor. Man kann sie als Heilmittel bei kleineren Verletzungen und Krankheiten anwenden, aber auch als Pflegemittel in Shampoos und Lotionen.

Christine Wagener-Thiele
Natürliche MS-Therapien
Sanfte und wirksame
Behandlung von Multipler
Sklerose
TB 20513-7

Multiple Sklerose ist eine Krankheit, die immer noch als unheilbar gilt. Die Autorin beschreibt die alternativen Behandlungsmethoden und die Möglichkeiten, die sie nutzte, um mit MS wie eine gesunde Person leben zu können. Ein unverzichtbarer Ratgeber für alle MS-Kranken, ihre Familienangehörigen und Freunde.

ECON TASCHENBÜCHER   ECON

ECON RATGEBER

Helga Dürselen
Heilfasten
Entschlackung und
Entgiftung nach der
Buchinger-Methode
TB 20191-3

Heilfasten ist nicht nur
eine Methode, um überflüssige Pfunde zu verlieren. Richtig durchgeführt,
bedeutet es Heilung für
Leib und Seele.

Aus dem Inhalt:
- Erfahrungsberichte
- Methoden des Heilfastens
- Ernährung nach dem Fasten
- Heilfasten in der Klinik und zu Hause
- Originalrezepte aus der Buchinger-Klinik in Bad Pyrmont

Leon Chaitow
Wassertherapie zu Hause
Kur-Anwendungen für
Gesundheit und
Schönheit
TB 20507-2

Normalerweise muß man
für eine Wassertherapie
teure Kurorte besuchen.
Chaitow erklärt, wie man
zu Hause leicht anwendbare Heimkuren durchführen kann, die den
Körper sowohl entgiften
als auch verschönern.
Bäder und Aromaöle
bringen wieder ins
Gleichgewicht, pflegen
die Haut, heilen und
lindern viele
Beschwerden.

Joachim Breschke
Gesundheit aus heimischen Pflanzen
TB 20500-5

Ungeahnte Heilkräfte
finden sich in vielen
heimischen Zierstauden
und Kräutern, Obst- und
Gemüsesorten. Immer
mehr Menschen nutzen
diese natürlichen Heilmittel zur Steigerung ihres
Wohlbefindens. Joachim
Breschke zeigt, welche
Kräfte in den Pflanzen unserer unmittelbaren Umgebung schlummern und
wie diese richtig zubereitet werden können.

ECON TASCHENBÜCHER

ECON